知的障害特別支援学校の
自立活動の指導

監修　下山　直人
編著　全国特別支援学校知的障害教育校長会

ジアース教育新社

発刊によせて

全国特別支援学校知的障害教育校長会では、毎年特別支援教育の動向を見据え、全国の特別支援学校で実践している先進的な事例をまとめ、広く普及するため出版活動を行っている。昨年度は、『「日常生活の指導」の実践』(東洋館出版社)及び『新時代の知的障害学校の図画工作・美術の指導』(ジアース教育新社) を発刊し好評を得ている。今年度は、将来の社会参加·自立に向けた基礎的な力の育成を図る「自立活動」に視点を当てた出版を計画した。

特別支援学校においては、個々の幼児児童生徒が障害による学習上又は生活上の困難を主体的に改善・克服する取組を促す指導領域として「自立活動」が設定されている。自立活動は、各教科等の指導の基盤を形成するものであり、各教科等の指導の効果を上げるためにも重要な指導である。平成29年3月に改訂された小学校等の学習指導要領では、特別支援学級で「自立活動」を取り入れることが明示され、平成30年度より、高等学校においても、自立活動が指導の中心となる「通級による指導」がスタートした。以上の状況を踏まえたとき、知的障害特別支援学校における自立活動の指導の基本を確認し、全国で展開している実践を具体的に示すことは、当該教育における自立活動の指導の充実に資するのみならず、小・中・高等学校の特別支援教育への的確な情報提供にも貢献することができるものと考える。

今回、上記のような視点から全国の特別支援学校に投稿を呼び掛けたところ、59の実践事例が寄せられ、その中から学習指導要領に示されている自立活動の内容の区分に沿って、12事例を取り上げ、第2部に掲載した。全国から多くの投稿をいただき、推薦してくださった校長先生方に感謝申し上げたい。また、第3部では小学校、中学校の特別支援学級での実践事例と、始まったばかりの高等学校通級指導の状況も掲載した。紹介された実践事例を日々の指導に生かしていただければ幸いである。

本書では、筑波大学人間系教授・筑波大学附属久里浜特別支援学校長 下山直人先生に監修をお願いした。また、国立特別支援教育総合研究所インクルーシブ教育システム推進センター総括研究員 大崎博史先生、国立特別支援教育総合研究所インクルーシブ教育システム推進センター主任研究員 柳澤亜希子先生に理論編の執筆をお願いした。お忙しいところ、監修、執筆にご尽力いただき心から感謝申し上げたい。

本書が、今後の知的障害特別支援学校の自立活動の指導に役立つとともに、特別な支援を必要とする幼児児童生徒の自立に向けた授業づくりの一助となることを期待してやまない。

平成30年10月

全国特別支援学校知的障害教育校長会会長

大井　靖

まえがき
～監修に当たって～

平成 29 年から 30 年にかけて行われた学習指導要領の改訂では、我が国の学校教育の実践や蓄積を活かし、子供たちが未来社会を切り拓くための資質・能力を一層確実に育成することが重視された。このため、各教科等の指導を通じて「何ができるようになるか」が明確にされ、各教科の目標・内容について知識・技能、思考力・判断力・表現力等、学びに向かう力・人間性等の三つの柱で再整理が行われたところである。この点は、知的障害者の教育を行う特別支援学校（以下、知的障害特別支援学校という）の各教科にも貫かれている。

今後、知的障害のある児童生徒が未来を切り拓いていけるよう、各教科や各教科等を合わせた指導を一層充実させていくことが期待される。その際、私たち教師に求められる視点は「何ができるようになるか」だけではなく、「なぜ、できないのか」「どのようにしたらできるか」という視点を併せもつことである。

知的障害教育においては、各教科でねらいとした資質・能力を育むために、生活に結び付いた学習を実際的な状況で指導することが重視されてきた。具体的には、生活単元学習や作業学習等の各教科等を合わせた指導が工夫されてきた。しかしながら、そうした学習活動を繰り返しても十分な指導効果が上がらないという指摘もしばしばなされてきた。こうした指摘に対して、教師が指導の改善を図ることはもちろん大切であるが、児童生徒の各教科等を学ぶ基盤が整っているかという視点からの対応も求められる。後者の視点から対応するために用意されている指導領域が「自立活動」である。

児童生徒の学習や生活の困難さに焦点を当て、その困難さの原因や背景を分析して指導すべき課題を明らかにし、その課題を学校教職員の総合力によって解決する。各教科でねらう資質・能力を確実に育むことが、これまで以上に求められている今日だからこそ、各教科の指導の基盤となる自立活動の指導を充実することは、時代の要請と言えよう。本書は、こうした観点に立ち、自立活動の指導の基本的在り方を整理するとともに、全国で展開している優れた自立活動の実践を掘り起こし、広く提供するために企画されたものである。

今回の学習指導要領の改訂に当たって、自立活動については、「実態把握から目標・内容の設定までの各過程をつなぐ要点を分かりやすく記述することが必要である」（平成 28 年 12 月中央教育審議会答申「幼稚園、小学校、中学校、高等学校及び特別支援学校の学習指導要領等の改善及び必要な方策等について」）と示されている。また、自立活動と各教科等の手順の違い等についても示すように提言されている。こうした考えの下に、学習指導要領解説自立活動編において、実態把握から指導内容の設定までの流れ図が掲載されている。本書では、このような指摘を踏まえ、自立活動の指導をどのように計画し実践したらよいか、できるだけ分かりやすく、具体的に示すよう留意した。

本書は、３部構成となっている。各部は、次のような内容を扱っている。

第１部では、自立活動の教育課程上の基本事項を整理するとともに、知的障害特別支援学校における自立活動の指導の現状を分析した上で、個別の指導計画の作成の在り方について二つの事例を紹介している。また、障害特性に応じた指導の在り方について、自閉症、重複障害、知的障害が軽度な場合を取り上げている。

第２部では、全国の知的障害特別支援学校に呼びかけ、応募のあった59事例から12の事例を紹介している。事例では、個別の実態から指導すべき課題を明確にする過程、指導目標・内容を含む指導計画を作成する過程、そして指導計画そのものを具体的に記述いただいた。

第２部の章の構成は、学習指導要領に示されている自立活動の内容の区分（健康の保持、心理的な安定など）ごとになっている。もとより、自立活動の指導は内容ごとに行われるものでなく、内容に示された項目を適宜組み合わせて具体的な指導内容を設定して行うこととされている。本書では、指導の中心となった内容ごとに紹介することで、読者が参考としたい事例に辿りつきやすいようにしている。

掲載した事例の採用に当たっては、発達段階（章ごとに小学部から１事例、中学部及び高等部から１事例）、地域バランス等を考慮している。興味深い多くの事例を採用できなかったことが残念である。

小学校及び中学校の新学習指導要領に「自立活動」という文言が、初めて登場した。今後、通常の学校において自立活動に対する関心が高まることであろう。第３部では、知的障害特別支援学校が地域における特別支援教育のセンター的機能を果たす観点から、その際に理解しておくべき基本的事項と小学校、中学校、高等学校の先進事例を掲載した。平成30年度から、高等学校における通級による指導も始まった。高等学校の事例は、通級による指導の先行事例でもあり興味深い。

最後に、御多忙にもかかわらず御執筆いただいた皆様に深謝申し上げる。また、本書では、児童生徒の障害に係る個人情報を扱うことから、事例提供校等を特定できないようにしている。このため、事例提供校及び執筆者を本書末に一覧として掲載させていただいた。この点について御理解いただいたことに感謝したい。

自立活動の指導を考え、計画・実践する読者にとって本書が少しでもお役に立てれば、この指導の改善・充実を目指してきた監修者にとって望外の幸せである。

平成30年10月

監修者　下山　直人

目 次

第２部　知的障害特別支援学校における自立活動の指導の展開

実践編

第１部　理論編

1

知的障害特別支援学校における自立活動の基礎・基本

■学習指導要領等の表記について

第１部における学習指導要領等の表記は特にことわりのない限り以下の通りとする。

・平成 29 年４月告示の「特別支援学校小学部・中学部学習指導要領」を指す場合は、たんに**「学習指導要領」**と表記する。
・平成 30 年３月発行の「特別支援学校幼稚部教育要領、特別支援学校小学部・中学部学習指導要領解説総則編」を指す場合は**「解説総則編」**、「特別支援学校幼稚部教育要領、特別支援学校小学部・中学部学習指導要領解説自立活動編」を指す場合は**「解説自立活動編」**と表記する。
・上記以外の学習指導要領等は、校種及び告示年等を明示して使用する。例えば、「小学校学習指導要領（平成 29 年告示）」、「特別支援学校高等部学習指導要領（平成 21 年告示）」等と表記する。

第1章

自立活動の概要

第1章では、自立活動の教育課程上の位置付け、目標、内容及び授業時数等、自立活動の指導を考える上での基本的事項を取り上げる。

1 自立活動の教育課程上の位置付け

自立活動は、個々の幼児児童生徒（以下、「児童生徒」という。）の障害による学習上又は生活上の困難を改善するために、国語や算数等の各教科と並んで特別支援学校に設けられた指導領域である。自立活動の教育課程上の位置付けを確認しておこう。

教育課程を構成する各教科等は、学校教育法施行規則に定められている。小学校と特別支援学校小学部の規定を比べてみよう。

小学校の教育課程は、国語、社会、算数、理科、生活、音楽、図画工作、家庭、体育及び外国語の各教科、特別の教科である道徳、外国語活動、総合的な学習の時間並びに特別活動によつて編成するものとする。（学校教育法施行規則第50条、下線筆者、以下第1部において同じ）

特別支援学校の
小学部の教育課程は、国語、社会、算数、理科、生活、音楽、図画工作、家庭、体育及び外国語の各教科、特別の教科である道徳、外国語活動、総合的な学習の時間、特別活動並びに自立活動によつて編成するものとする。（学校教育法施行規則第126条第1項）

上記の規定に付した一重下線部は同じ文言であり、二重下線の「自立活動」の部分だけが異なっている。特別支援学校の小学部の教育課程は、小学校の教育課程を構成する各教科や特別の教科である道徳（以下「道徳科」という。）等に、自立活動が加えられたものである。もう少し単純化して示したのが図1である。自立活動を除く、各教科等は同じであるが、小学校と特別支援学校小学部の総授業時数は変わらないので、特別支援学校には自立活動が加わる分、自立活動以外の各教科等の授業時数は少なくなることが見てとれよう。

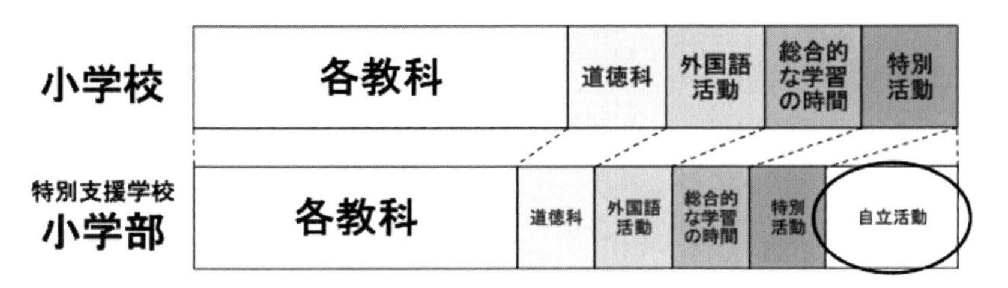

図1　小学校と特別支援学校小学部の各教科等の構成イメージ

以上の点は、知的障害の児童を教育する場合にも変わらない。前述の学校教育法施行規則第126条の第2項に、「知的障害者である児童を教育する場合は、生活、国語、算数、音楽、図画工作及び体育の各教科、特別の教科である道徳、特別活動並びに自立活動によつて教育課程を編成するものとする。」と規定されている。各教科の中身は異なるものの、各教科や道徳科等に加えて自立活動を加えて教育課程を編成することが示されている。

さて、これらのことは何を意味するのであろうか。特別支援学校の目的は、学校教育法第72条に「特別支援学校は、視覚障害者、聴覚障害者、知的障害者、肢体不自由者又は病弱者（身体虚弱者を含む。以下同じ。）に対して、幼稚園、小学校、中学校又は高等学校に準ずる教育を施すとともに、障害による学習上又は生活上の困難を克服し自立を図るために必要な知識技能を授けることを目的とする」と規定されている。ここに挙げられている目的は二つで、①小学校等に準ずる教育をすること、②障害による学習上又は生活上の困難に対応した教育をすることである。法令上、「準ずる」とは「同じ」と解釈されることから、①は小学校と同じ教育をすることであり、同じ教育をするためには同じ各教科等が必要となる。一方、②に対応するために、新たに設定された指導領域が「自立活動」なのである。自立活動は、特別支援学校の児童生徒が有する障害による困難に対応した指導であり、特別支援学校の目的を達成するうえで不可欠の指導であると言えよう。

2　自立活動の目標

自立活動の目標は、学習指導要領に以下の通り示されている。

> 個々の児童又は生徒が自立を目指し、障害による学習上又は生活上の困難を主体的に改善・克服するために必要な知識、技能、態度及び習慣を養い、もって心身の調和的発達の基盤を培う。　（学習指導要領第7章第1）

目標の詳しい説明は解説自立活動編を見ていただくとして、ここでは、次の３点を確認したい。

（1）障害による学習上又は生活上の困難を指導の対象とすること

自立活動の指導の対象は、個々の児童生徒の障害による学習上又は生活上の困難である。障害による困難としては、視覚障害なら全盲や弱視により視覚からの情報入手が制限されること、肢体不自由なら手足の不自由等から思うように移動できないといったことが挙げられよう。こうした困難さは、周囲にも分かりやすいが、知的障害の場合の障害による困難さとはどんなことであろう。この点は、第２章で扱う。

（2）個々の児童生徒の自立を目指した学習活動であること

各教科や道徳科等の目標を見回しても「個々の児童生徒」で始まる目標は、自立活動だけである。児童生徒主体の学習であることが強調されているのである。

指導の対象が「障害による困難」となると、学習の対象ではなく支援や配慮の対象だと認識されがちである。例えば、右手が不自由で鉛筆を持って書くことができない男子生徒には、ノートテイクなどの支援が用意されればよいのだろうか。この生徒の自立活動担当の教師は、彼の右手の状態に合ういろいろな筆記具を試し、その結果、彼の握り方に合った補助具を付ければ鉛筆などの筆記具が使えることを見出した。教師は彼が興味をもち無理なく取り組むことができるプリント教材も用意した。彼は練習に取り組み、しばらく後に筆記具で板書を書き写したり、メモを取ったりできるようになった。

障害による困難さに自分で対応できるようになれば、自分の活動の自由度や幅が広がる。身体的にも精神的にも変化の可能性の高い学齢期に、障害による困難を固定化せず、改善・克服する可能性を広げることができる。障害による困難を自分で認識し、いかに対応するか。こうした対応力は障害のある人にとって生涯にわたって必要な資質・能力である。自分の障害による困難を改善・克服するために必要な知識や技能を獲得し、それを学習や生活に生かそうとする態度や習慣を形成することが求められるのである。

（3）調和的発達の基盤を形成すること

こうして獲得される障害による困難を改善・克服する力を育む学習は、学校での学習全体からすればどのように位置付けられるのであろうか。それを示すのが、目標の最後の部分、「もって心身の調和的発達の基盤を培う」である。

図２に示したように、我が国の学校教育では、各教科や道徳科等の学習を通じて、知・徳・体のバランスのとれた発達、すなわち「調和的発達」を目指す。したがって、目標の「調和的発達の基盤を培う」とは、各教科や道徳科等の学習が十分できる状態を作ることと考えてよい。この基盤は学習の基盤であると同時に生活の基盤でもある。

土台のしっかりしていないところに、立派な建物は立たない。自立活動で発達の土台をしっかり作り、各教科や各教科等を合わせた指導を積み上げていくのである。

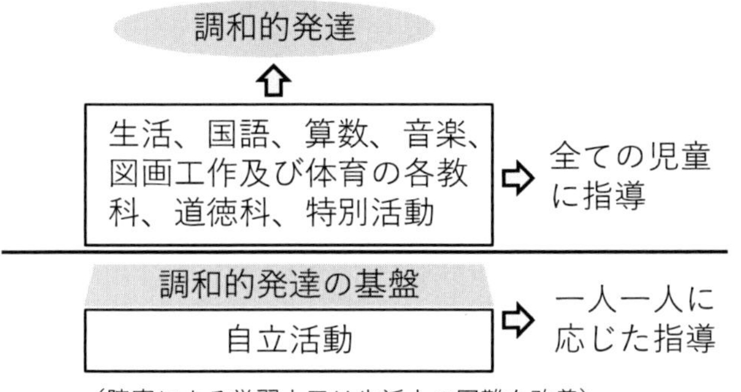

図２　自立活動の位置付け（知的障害特別支援学校小学部の場合）

３　個別の指導計画と自立活動の内容

（１）個別の指導計画の意義

自立活動は、個々の児童生徒の障害による学習上又は生活上の困難を改善するための学習である。困難さは一人一人異なるので、何を指導の課題とするか、指導目標・内容をどう設定するか個別に計画しなければならない。個別の指導計画の作成が指導の出発点となる。

表面的に見える困難さは似ていても、原因や背景は異なるものである。例えば「他者に意思を伝えられない」という困難さの原因は、言葉の発達の遅れかもしれないし、対人関係の問題かもしれない。あるいは両者が絡み合っているかもしれない。原因や背景が異なれば対応も変わる。一人一人の困難さに関する情報を集めて分析し、個別に指導計画を作成して指導に当たらなければならないのである。

（２）学習指導要領に示されている自立活動の内容

学習指導要領には、自立活動の内容として「健康の保持」「コミュニケーション」などの６区分の下、27 項目（16 ページ、「自立活動の内容の変遷」参照。）が示されている。「コミュニケーション」の区分には５項目あり、その最初は「コミュニケーションの基礎的能力に関すること」と大綱的に示されている。他の区分・項目も同様である。解説自立活動編には、項目の具体的な内容や指導例が示されており、実態の整理や指導目標・内容を検討する際に参考となる。

学習指導要領には、国語や算数、道徳科や特別活動等の内容が示されているが、これらの内容は特に示す場合を除き全ての児童生徒に指導することとされている。しかし、自立活動は、個別の指導計画を作成する際に、学習指導要領に示されている「内容の中からそれぞれに必要とする項目を選定し、それらを相互に関連付け、具体的に指導内容を設定する」と規定されている。「それぞれに」は「個々の児童生徒に」を意味することから、個々の児童生徒が必要とするものだけを取り扱えばよいことになる。

また、「それらを相互に関連付け、具体的に指導内容を設定する」とは、児童生徒に必要なものをいくつか選定したら、それを関連させて具体的な指導内容を設定することを示しており、バラバラに指導するのではないと述べている。これは、選定したいくつかの内容を、児童生徒がもっとも学びやすいように工夫して指導することを意味している。このことは、よく料理と材料の関係にたとえられる。カレーを例にしてみよう（図3）。自立活動の内容の項目は、カレーの材料である、肉、玉葱、人参に相当する。それを、児童生徒にとっておいしく食べやすい、カレーという料理にするのが具体的な指導内容の設定なのである。

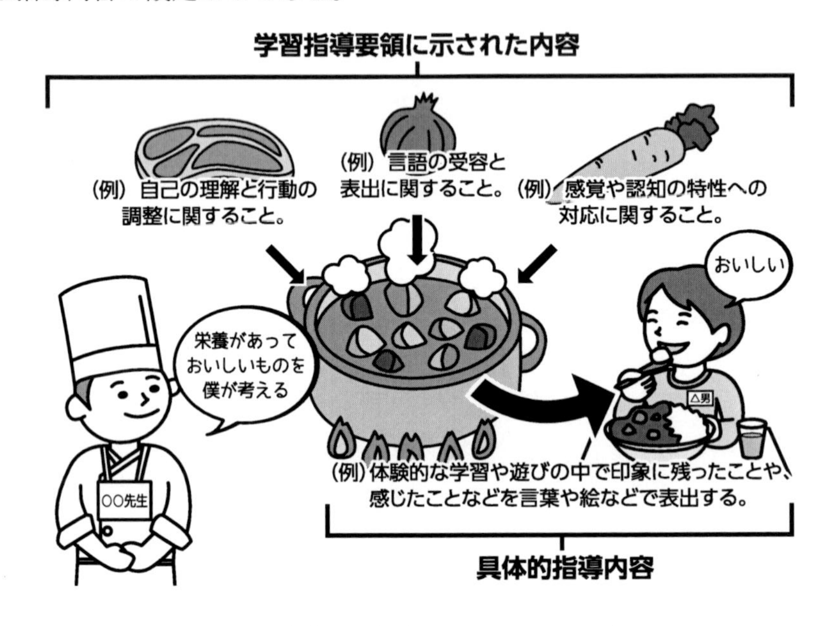

図３　自立活動の内容の取扱い（イメージ）

4　授業時数

自立活動の指導は、その重要性を考慮して、学習指導要領の総則に「自立活動の時間はもとより、学校の教育活動全体を通じて適切に行うものとする」とされている。自立活動の時間は、自立活動のために特設された時間である。その時間を含めて学校の教育活動全体で行うことが示されており、各教科等の指導と密接な関連を図る必要がある。

〈参考〉「養護・訓練」から「自立活動」へ

自立活動の前身である養護・訓練が創設されたのは昭和46年（1971）である。それから約20年後の平成11年（1999）に自立活動に改められ、今日に至っている。ここでは、「養護・訓練」から「自立活動」に至る過程を概観する。

1　養護・訓練以前

養護・訓練の領域が設けられる前は、各教科の中で障害の状態を改善・克服するための指導が行われていた。盲学校においては、歩行訓練を「体育」に、感覚訓練を「理科」に、聾学校においては、「聴能訓練」を「国語」と「律唱」（リズムを中心として音楽的経験を豊かにするために聾学校に独自に設けられた教科）に、言語指導は「国語」に位置付けられていた。また、肢体不自由養護学校においては、「体育・機能訓練」、病弱養護学校においては「養護・体育」という教科を設定して行うこととされていた。現在の知的障害は当時精神薄弱と言われていたが、精神薄弱養護学校では、教科そのものが精神薄弱者の特性を踏まえて設定されていると理解されていた。

2　養護・訓練の創設

このような各教科における指導の実践に対し、昭和45年（1970）10月の教育課程審議会の答申では、「心身に障害を有する児童生徒の教育において、…特別の訓練等の指導がきわめて重要である。これらの訓練等の指導は、ひとりひとりの児童生徒の障害の種類・程度や発達の状態等に応じて、学校の教育活動全体を通して配慮する必要があるが、さらになお、それぞれに必要とする内容を、個別的、計画的かつ継続的に指導すべきものであるから、各教科、道徳および特別活動とは別に、これを『養護・訓練』とし、時間を特設して指導する必要がある。」と提言された。すなわち、一部の教科ではなく学校の教育活動全体を通して指導すること、養護・訓練の時間を設定する必要があることなど、今日の自立活動に引き継がれる考え方が示された。

この答申を受けて、冒頭述べたように昭和46年の学習指導要領の改訂において「養護・訓練」という領域が設定された。そして、それまでの主障害を対象にした対症療法的なものではなく、児童生徒個々の心身の機能を総合的に改善することが必要であるとの認識から、障害種別共通の養護・訓練が設定され、目標と内容も共通に示されることになった。

内容については、それぞれの障害種別で取り上げられていた指導事項が整理され、心身の発達に必要な諸側面と各障害の状態を改善・克服するために必要な固有の指導という観点から「心身の適応」「感覚機能の向上」「運動機能の向上」「意思の伝達」の四つの柱の下12項目にまとめられた。

その後、昭和54年（1979）の学習指導要領では、障害別に示されていた「指導計画の作成と内容の取扱い」も一本化され、平成元年（1989）の学習指導要領においては、内容の見直しが行われ5区分18項目になった。

3　養護・訓練から自立活動へ

近年、国際連合などを中心として障害者の自立と社会参加を促す取組が進み、障害についての考え方等も変化してきた。一方、盲・聾・養護学校の児童生徒の障害の重度・重複化、多様化の傾向が顕著になってきた。このような状況を踏まえ、平成10年（1998）7月にまとめられた教育課程審議会答申では、「養護・訓練については、一人一人の幼児児童生徒の実態に対応した主体的な活動であり自立を目指した活動であることを一層明確にするため、名称を「自立活動」と改めるとともに、目標・内容についても見直し…」と提言された。

この答申を受けて、名称を「自立活動」に改めるとともに、目標についても個々の子供が自立を目指し主体的な取組を促す観点から見直しが行われ、現行の目標に近いものとなった。内容については、児童生徒の障害の重度・重複化、多様化に対応するとともに、具体的にイメージしやすくなるよう5区分22項目となった。また、個別の指導計画の作成もこのとき明示されたものである。

＜参考＞　自立活動の内容の変遷

昭和 45 年度	平成元年度	平成 10 年度
心身の適応 1　健康状態の回復および改善 2　心身の障害や環境に基づく心理的不適応の改善 3　障害を克服する意欲の向上	**身体の健康** 1　生活のリズムや生活習慣の形成 2　疾病の状態の理解と生活管理 3　損傷の理解と養護	**健康の保持** 1　生活のリズムや生活習慣の形成 2　病気の状態の理解と生活管理 3　損傷の状態の理解と養護 4　健康状態の維持・改善
	心理的適応 1　対人関係の形成 2　心身の障害や環境に基づく心理的不適応の改善 3　障害を克服する意欲の向上	**心理的な安定** 1　情緒の安定 2　対人関係の形成の基礎 3　状況の変化への適切な対応 4　障害に基づく種々の困難を改善・克服する意欲の向上
感覚機能の向上 1　感覚機能の改善および向上 2　感覚の補助的手段の活用 3　認知能力の向上	**環境の認知** 1　感覚の活用 2　感覚の補助及び代行手段の活用 3　認知の枠組となる概念の形成	**環境の把握** 1　保有する感覚の活用 2　感覚の補助及び代行手段の活用 3　感覚を総合的に活用した周囲の状況の把握 4　認知や行動の手掛かりとなる概念の形成
運動機能の向上 1　肢体の基本動作の習得および改善 2　生活の基本動作の習得および改善 3　作業の基本動作の習得および改善	**運動・動作** 1　姿勢と運動・動作の基本の習得及び改善 2　姿勢保持と運動・動作の補助的手段の活用 3　日常生活の基本動作の習得及び改善 4　移動能力の向上 5　作業の巧緻性及び遂行能力の向上	**身体の動き** 1　姿勢と運動・動作の基本的技能 2　姿勢保持と運動・動作の補助的手段の活用 3　日常生活に必要な基本動作 4　身体の移動能力 5　作業の円滑な遂行
意思の伝達 1　言語の受容技能の習得および改善 2　言語の形成能力の向上 3　言語の表出技能の習得および改善	**意思の伝達** 1　意思の相互伝達の基礎的能力の習得 2　言語の受容・表出能力の向上 3　言語の形成能力の向上 4　意思の相互伝達の補助的手段の活用	**コミュニケーション** 1　コミュニケーションの基礎的能力 2　言語の受容と表出 3　言語の形成と活用 4　コミュニケーション手段の選択と活用 5　状況に応じたコミュニケーション

※この表は、学習指導要領に示された養護・訓練及び自立活動の内容を一覧にしたもの。元の文には、例えば「健康状態の回

（年度は告示年度）

平成 20 年度	平成 29 年度
健康の保持 1 生活のリズムや生活習慣の形成 2 病気の状態の理解と生活管理 3 身体各部の状態の理解と養護 4 健康状態の維持・改善	**健康の保持** 1 生活のリズムや生活習慣の形成 2 病気の状態の理解と生活管理 3 身体各部の状態の理解と養護 4 障害の特性の理解と生活環境の調整 5 健康状態の維持・改善
心理的な安定 1 情緒の安定 2 状況の理解と変化への対応 3 障害による学習上又は生活上の困難を改善・克服する意欲	**心理的な安定** 1 情緒の安定 2 状況の理解と変化への対応 3 障害による学習上又は生活上の困難を改善・克服する意欲
人間関係の形成 1 他者とのかかわりの基礎 2 他者の意図や感情の理解 3 自己理解と行動の調整 4 集団への参加の基礎	**人間関係の形成** 1 他者とのかかわりの基礎 2 他者の意図や感情の理解 3 自己の理解と行動の調整 4 集団への参加の基礎
環境の把握 1 保有する感覚の活用 2 感覚や認知の特性への対応 3 感覚の補助及び代行手段の活用 4 感覚を総合的に活用した周囲の状況の把握 5 認知や行動の手掛かりとなる概念の形成	**環境の把握** 1 保有する感覚の活用 2 感覚や認知の特性についての理解と対応 3 感覚の補助及び代行手段の活用 4 感覚を総合的に活用した周囲の状況についての把握と状況に応じた行動 5 認知や行動の手掛かりとなる概念の形成
身体の動き 1 姿勢と運動・動作の基本的技能 2 姿勢保持と運動・動作の補助的手段の活用 3 日常生活に必要な基本動作 4 身体の移動能力 5 作業に必要な動作と円滑な遂行	**身体の動き** 1 姿勢と運動・動作の基本的技能 2 姿勢保持と運動・動作の補助的手段の活用 3 日常生活に必要な基本動作 4 身体の移動能力 5 作業に必要な動作と円滑な遂行
コミュニケーション 1 コミュニケーションの基礎的能力 2 言語の受容と表出 3 言語の形成と活用 4 コミュニケーション手段の選択と活用 5 状況に応じたコミュニケーション	**コミュニケーション** 1 コミュニケーションの基礎的能力 2 言語の受容と表出 3 言語の形成と活用 4 コミュニケーション手段の選択と活用 5 状況に応じたコミュニケーション

復および改善に関すること。」と示されているが「・・・に関すること。」は略した。

第2章

知的障害特別支援学校における自立活動

第２章では、知的障害者である児童生徒を教育する特別支援学校（以下、「知的障害特別支援学校」という。）における自立活動の指導の現状とその現状をもたらしている背景を分析する。そして、知的障害の児童生徒にとっての自立活動の必要性を確認した上で、指導の改善ポイントを提案する。

1　全ての児童生徒が履修する指導領域

特別支援学校の教育課程は、知的障害の児童生徒を教育する場合も含め、自立活動を加えて編成することを第１章で示した。これを受け、学習指導要領総則では、「第２章以下に示す各教科、道徳科、外国語活動、特別活動及び自立活動の内容に関する事項は、特に示す場合を除き、いずれの学校においても取り扱わなければならない」と規定している。

加えて学習指導要領総則に、知的障害の児童生徒の履修に関する規定がある。

> 知的障害者である児童に対する教育を行う特別支援学校の小学部においては、生活、国語、算数、音楽、図画工作及び体育の各教科、道徳科、特別活動並びに自立活動については、特に示す場合を除き、全ての児童に履修させるものとする。また、外国語活動については、児童や学校の実態を考慮し、必要に応じて設けることができる。　（学習指導要領第１章第３節の３の（1）のカ）

各教科等とともに自立活動についても、全ての児童に学ばせるものであることが明示されていることに留意する必要がある。上記は小学部を対象にしたものであるが、中学部、高等部（高等部の学習指導要領は平成 21 年３月告示のもの、以下本書において同じ。）にも同様の規定がある。では、学習指導要領に全員が学ぶ必要があると規定されている自立活動の指導の現状はどうなっているだろうか。

2　自立活動の指導の現状

独立行政法人国立特別支援教育総合研究所では、平成 22 年に全国の特別支援学校の教育課程編成状況を把握するためアンケート調査を実施している。表１は、特別支援学校における自立活動の時間の設定を障害種別に示したものである。知的障害特別支援学校においては、他の障害種別の学校に比べ自立活動の「時間」を「設定している」学校が少なく、「特に設定していない」学校が多い。「設定している」は他の障害種別が８～９割を超えているが、知的障害では半数に達していない。「特に設定していない」学校は、知的障害では25％であるが、他の障害種別では１～４％である。「学部によって異なる」は、知的障害は21％で、視覚障害の25％とともに高い割合となっている。知的障害では、自立活動の時間を設定していない学校、学部によって異なる学校を合わせると半数近い学校数になる。

表１　特別支援学校（障害種別）の自立活動の時間の設定（複数回答）

	視覚障害	聴覚障害	知的障害	肢体不自由	病弱
設定している	79%	93%	45%	94%	98%
特に設定していない	4%	1%	25%	2%	2%
学部によって異なる	25%	8%	21%	7%	2%

（出典）平成22～23年度　特別支援学校における新学習指導要領に基づいた教育課程編成の在り方に関する実際的研究報告書（回答数842校：筆者一部改変）

知的障害特別支援学校において、「特に設定していない」「学部によって異なる」という回答が多いことについて、調査を行った国立特別支援教育総合研究所では、次のように分析している。「特に設定しない」が多いことについては、「知的障害では、自立活動をいわゆる『領域・教科を合わせた指導』（本書では、各教科等を合わせた指導と呼称：筆者注）の中に位置付けていることが多いと考えられる」また、「学部によって異なる」が多いことについては、「自立活動の教育課程上の位置付けによって、自立活動の時間を設定していることがうかがわれる」としている。

調査ではこのほか、自立活動の時間を設定している場合、授業時間を「帯時間でとっている」か「週時程の中でコマとしてとっている」か聞いている。知的障害については、小学部から高等部まで「帯時間でとっている」が約30％、「週時程の中でコマとしてとっている」が約60％で、この結果は他の障害種別と同じ傾向が見られたとしている。

3　自立活動の「時間」を設ける学校が少ない理由

知的障害特別支援学校では、どうして自立活動の「時間」を設定する学校が、他の障害種別に比較して際立って少ないのであろうか。この点は、知的障害特別支援学校における自立活動の指導の現状を検討する上で避けて通ることができない事実である。第４章で詳しく述べるが、自立活動の時間は児童生徒の状態に応じて適切に設定すればよいので、全ての児童生徒に自立活動の時間が「必要」な訳ではない。確かに、自立活動の指導を検討した結果として、特別な時間を設定する必要はないと判断された児童生徒もいるであろうが、それだけの理由ではないだろう。

自立活動の「時間」の設定が少ないことには、次のような要因があると考える。

（1）要因1：各教科等を合わせた指導への位置付け

要因としてまず挙げられるのは、国立特別支援教育総合研究所の調査結果でも指摘されているように、自立活動が、各教科等と合わせて指導されていることである。知的障害特別支援学校では、知的障害の特性から、実際の生活に即した指導が有効とされ、生活単元学習や日常生活の指導等の各教科等を合わせた指導を充実させてきた。生活単元学習は、教科「生活」を中心としつつ、国語や算数等の各教科、道徳科や特別活動も合わせて行う指導の形態である。必要があれば自立活動も合わせることが認められている。各教科等を合わせた指導の中で自立活動を指導しているので、特設した時間の設定は必要がない、という考え方をとる学校が多いのだろう。

（2）要因2：指導体制確保の困難さ

全国の特別支援学校の障害種別ごとの児童生徒数を障害種別ごとの教師数で単純に割ると、視覚障害は教師一人当たり 0.9 人、聴覚障害は 1.3 人、肢体不自由は 1.2 人、病弱は 1.0 人に対し、知的障害は 2.0 人（平成 28 年度学校基本調査、複数障害対象の学校を除く）である。これは、計算上の数値ではあるが、知的障害の教師一人当たりの担当児童生徒数が他の障害種別に比較して多いことが推測できる。児童生徒個々の課題に応じて、自立活動の時間を設定したくても、指導体制を取りにくい状況があることをうかがわせる。

（3）要因3：各教科等との関連

知的障害特別支援学校で取り扱う各教科の内容には、自立活動の内容と近いものがあり、例えばコミュニケーションの内容について自立活動で扱うのか国語で扱うのか迷うことが多いとの指摘がある。学習指導要領の自立活動の内容には「コミュニケーションの基礎的能力に関すること」がある。当然、話を聞くことや何らかの手段で表出することが含まれる。一方、知的障害の児童が対象の国語の第 1 段階の内容として「教師の話や読み聞かせに応じ、音声を模倣したり、表情や身振り、簡単な話し言葉などで表現したりすること」がある。自立活動と各教科で示されている内容が似ているように思われ、それゆえ各教科で指導できると考え、自立活動の時間が設定されないのかもしれない。

4　自立活動の指導における問題点

（1）知的障害に起因する学習上又は生活上の困難

知的障害に起因する学習や生活上の困難には様々なことがある。コミュニケーションや心理的な問題のほか、生活リズムの乱れや偏食、対人関係でトラブルを起こしやすい、視覚又は聴覚からの情報で混乱する、運動や作業面で不器用であるなど多様である。こうした困難さは、学習や生活の多くの場面で生ずるため各教科等の学習にも影響が出る。困難さの改善を図る自立活動の指導は、各教科等の指導を効果的に進める上でも欠くことができない。

知的障害のある児童生徒の自立活動について、解説自立活動編では、「全般的な知的発達の程度や適応行動の状態に比較して、言語、運動、情緒、行動等の特定の分野に、顕著な発達の遅れや特に配慮を必要とする様々な状態」を改善するために行うものである、と説明している。そして、顕著な遅れや特に配慮を要する例として、「言語面では、発音が明瞭でなかったり、言葉と言葉を組み立てて話すことが難しかったりすること」「運動や動作面では、走り方がぎこちなく安定した姿勢を維持できないことや衣服のボタンを掛け合わせることが思うようにできないこと」などを挙げている。

（２）自立活動の指導の問題点

解説自立活動編に取り上げられた言語や運動面の困難さは、知的障害特別支援学校において多くの児童生徒に見られるものである。こうした例が多く見られるということは、知的障害特別支援学校において自立活動の指導が適切に行われなければならないことを端的に示すものだろう。以上のことを踏まえ、自立活動の指導の現状における問題点を次のように整理した。

第一は、自立活動の指導が各教科等を合わせた指導等で取り扱われている中で、自立活動の指導効果が上がっているか、という点である。障害による困難さの原因や背景を踏まえて有効な指導が用意されているだろうか。これが可能になるためには、自立活動で指導すべき課題が明確にされ、それを受けた指導目標・内容等が具体的に設定され、各教科等を合わせた指導に取り込まれなければならない。

第二は、自立活動の「時間」が設定されていない学校で指導の場が確保されているか、という点である。前項の要因２で見た状況はあるとしても、半数の学校では時間を確保しているし、必要な児童生徒がいるとしたら、それを学校全体の問題として解決を図る過程こそ、カリキュラム・マネジメントと言えよう。

５　自立活動の指導を改善するポイント

現状を踏まえ、自立活動の指導を改善するためのポイントとして、次の四つを提案したい。

（１）指導すべき課題：困難さの分析から指導課題を焦点化

自立活動の指導は、個々の児童生徒ごとにオリジナルなものになる。個々の児童生徒の障害による困難さがどこから生じているのか、様々な情報から指導の課題を整理する過程が重要である。学習指導要領では、この点の重要性を強調して、「指導すべき課題」という用語を用いている。また、解説自立活動編では、指導すべき課題を導きだす過程が障害種別ごとにていねいに図示されている。

(2) 指導目標・内容:指導目標の具体化と指導内容の工夫

指導すべき課題を受けて、一定の期間に児童生徒が達成する目標を設定することになる。長期と短期で分けて考えることにより、目標の方向性を見失わず、具体性を兼ね備えることができる。期間に決まりはないが、長期なら1年、短期なら1学期程度が妥当であろう。

次に、目標を達成する指導内容を設定することになるが、着目したいのは興味・関心、長所や得意なこと、できつつあることなどである。自立活動の指導は、障害による困難さの改善を目指しているが、指導に当たっては児童生徒の良い面を大いに活用すべきである。

(3) 指導の場:「何を」「いつ」「どこで」の明確化

自立活動の指導の改善に当たって、この点は特に重要である。設定された指導目標・内容をいつ、どこで指導するのか、明確に押さえなければならない。個別の指導が必要だが指導体制がとれないという声をよく聞く。大規模校で、個別の指導が必要な児童生徒を抽出し、自立活動担当の教師が指導して効果を上げている学校がある。また、自立活動の指導目標や内容を明確にして各教科等と合わせて指導し、自立活動の目標を達成するだけでなく、国語や生活単元学習等の指導の効果を上げている学校もある。

他者へ指差しで思いを伝え始めた児童に、いろいろな場面で指差しを促す指導に出会ったことがある。この指導では、指差しをする場面を、休み時間や給食の時間などにも用意し、児童が表出する機会を増やす工夫をしていた。何を、いつ、どこで指導するのか、この点が明らかになって始めて指導が実践されるのである。

(4) 評価・改善:評価と改善による指導の最適化

自立活動の指導はオーダーメイドである。参考になる指導はあっても、教科書や手本はない。評価と改善により、少しずつ児童生徒に合ったものにしていかなければならない。児童生徒の学習状況を評価して児童生徒と学習の過程や結果を振り返るとともに、指導を評価して改善をすることにより指導の最適化を目指したい。

6 知的障害特別支援学校における自立活動の指導への期待

平成29年告示の小学校及び中学校学習指導要領に「自立活動」という文言が初めて登場した。小・中学校の教師の自立活動への関心が高まるだろう。知的障害特別支援学校が、地域の特別支援教育のセンターとして、自立活動の指導についても助言・援助の役割を果たしていくことが期待される。この役割を果たしていくためにも、知的障害特別支援学校における自立活動の指導の改善を期待するものである。

第3章

個別の指導計画の作成

自立活動の指導の対象となる障害による学習上又は生活上の困難は、一人一人異なっている。したがって、その指導は、一人一人に応じて行われなければならず、個別の指導計画の作成が指導の出発点となる。ここでは、実態把握から個別の指導計画を経て授業計画に至る過程の概略を説明するとともに、作成過程をていねいに説明した例を二つ示した。作成例提供者には、作成過程で考えたことをできるだけ文章化してもらった。また、本書第２部以降の事例においても、個別の指導計画等の作成過程を詳述している。読者が作成する際の参考となることを期待している。

1　個別の指導計画等の作成過程

まず、学習指導要領における個別の指導計画の作成に関する規定を確認しておこう。

> 自立活動の指導に当たっては、個々の児童又は生徒の障害の状態や特性及び心身の発達の段階等の的確な把握に基づき、指導すべき課題を明確にすることによって、指導目標及び指導内容を設定し、個別の指導計画を作成するものとする。その際、第２に示す内容の中からそれぞれに必要とする項目を選定し、それらを相互に関連付け、具体的に指導内容を設定するものとする。
>
> （学習指導要領第７章第３の１）

平成29年に改訂された学習指導要領に、上記のように「指導すべき課題を明確にする」という記述が盛り込まれた。これまではなかった表記である。また、解説自立活動編では、指導すべき課題や指導目標等を導き出す過程が流れ図を用いて説明されている。学習指導要領において、指導計画を作成する過程を重視していることが分かる。

実態把握から個別の指導計画に至る過程は、次ページの図４のような過程を経ることが多いだろう。

（1）実態把握：情報の収集と整理

個々の児童生徒の障害による学習上又は生活上の困難さを明らかにするためには、障害の状態や特性、発達段階や経験の程度、興味・関心、生活や学習の環境などに加え、これまでの指導に関する情報等を、幅広く多面的に収集する必要がある。特に、これまでの指導に関する情報には、今後の指導を考える上で価値ある情報が多く含まれている。ていねいに把握したい。

次に、収集した情報を整理しながら、児童生徒の困難さの原因や背景を捉えていく。整理をすることにより、情報間の関連とともに、情報の広がりや偏りが明らかになり、どのような情報を追加すべきか明確になる。情報の整理には様々な方法があるので本章の事例や第2部を参考にしてほしい。

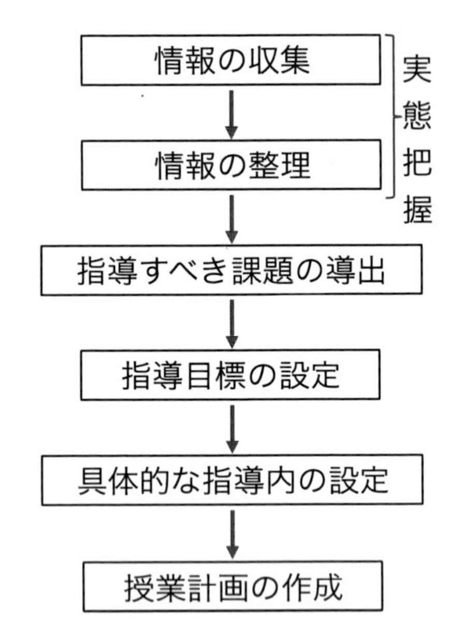

図4　個別の指導計画等の作成過程

（2）指導すべき課題の導出

情報間の関係を整理したり、追加情報を収集したりする過程を経て指導課題と考えられるものを抽出する。指導課題と考えられるものを列挙し、重要性、緊急性、実現可能性等を検討して、指導すべき課題が導き出される。

（3）指導目標の設定

指導すべき課題が明確になったら、児童生徒が達成できることを考え、1年くらいで目指す長期目標と当面目指す短期目標を設定する。両方を設定することにより、方向性を見失うことなく段階的な指導が可能となる。

（4）具体的な指導内容の設定

学習指導要領に示されている内容は、これまでの特別支援学校の実践から抽出されてきた指導のエッセンスである。指導目標達成のために参考となることが散りばめられている。したがって、各区分から必要とするものを選び、関連付けて児童生徒にとって最も学びやすい指導内容を設定していくことが大切である（14ページ、図3参照）。

（5）授業計画の作成

指導をいつ、どこで行うか、具体的な指導内容を授業計画に落とし込む必要がある。自立活動の時間で指導するのか、生活単元学習等の各教科等を合わせた指導で行うのか、全ての時間で配慮しながら指導していくのか、これらの点を明確にしないと個別の指導計画は絵に描いた餅になってしまう。個別の指導計画を踏まえた自立活動の指導の展開については、第4章1で詳しく扱う。

2　作成過程のシステム化と可視化

自立活動の個別の指導計画等を作成していく上で大切なことが二つある。一つは、学校として個別の指導計画等を作成していく過程をシステム化すること、もう一つは指導すべき課題を導く過程等をできるだけ可視化することである。

（1）個別の指導計画を作成する過程のシステム化

自立活動の指導の成否は、個別の指導計画によると言っても過言ではない。指導を左右するような計画が、個々の教師任せでよいはずはない。それぞれの教師の力量や経験による違いを想定しつつ、個別の指導計画の質を担保するためには、学校としてどのような方針、組織、手順等で作成を進めるのか、そのシステムを検討しなければならない。次のような点を検討し、明確にする必要がある。

- ・作成方針や留意点（情報の収集や整理の方法、組織的対応や保護者対応等）
- ・計画の様式（実態、指導すべき課題、指導目標・内容等を記入する様式）
- ・作成に係る組織（原案作成者、検討をする組織、外部専門家の参加等）
- ・作成日程（原案作成、検討過程、保護者への説明、評価・改善の取組等）

（2）指導すべき課題を導く過程等の可視化

多くの学校では、実態や指導目標・内容については文書が作成されているものの、実態から指導すべき課題が導かれる過程等は明示されていない。この部分が図や表、文章などによって可視化さることで、個別の指導計画作成において最も重要な点を様々な角度から検討したり、他者が関与したりすることが可能になる。一方、可視化する作業は時間を要することでもあるので、方法の工夫が必要となる。

3　個別の指導計画等の作成例

次ページからの作成例１は、奈良県立二階堂養護学校の辰巳武志教諭が作成したものである。基本的に解説自立活動編に示されている流れ図と同じ手順で作成している。対象は、小学部高学年の児童である。丹念に情報を整理し、緊急性や優先性という観点から指導すべき課題を導き出している。

30 ページからの作成例２は、鳥取県立琴の浦高等特別支援学校の吉岡誠人教諭が作成したものである。こちらの例は、解説自立活動編とは一部異なる方法による手順と可視化の例を示している。対象は、高等部単独の特別支援学校の生徒で就労を目指している。この例では、時間割上、自立活動の時間の設定はないが、自立活動の指導を確保するための様々な工夫がなされている。

◆個別の指導計画等の作成例１◆

～学習指導要領解説の流れ図に即した例～

① 情報の収集（障害の状態、発達や経験の程度、興味・関心、学習や生活の中で見られる長所やよさ、課題など）

・多動傾向で、運動場や廊下を歩くのが好き。安全のため絶えず見守りが必要である。
・発声はあるが、言葉は出ていない。簡単な模倣ができる。
・聞いた言葉を理解して行動するよりも、視覚からの情報で行動することが多い。
・人から尋ねられると、自分のしたいことや行きたい場所の写真カードを指さして、目的や要求を伝える。
・興味・関心がないことに対しては、注意・集中力が持続せず、教室から出て行ってしまう。
・関係のとれた大人とは親しくかかわり、身振りや歌いはじめを発声することで、歌ってほしい歌をリクエストする。
・自分の思いと反するときは、人を叩いたり、物を投げたり、大声で泣き叫んだりする。

②－１ 情報の整理（自立活動の区分に即して整理）

健康の保持	心理的な安定	人間関係の形成	環境の把握	身体の動き	コミュニケーション
・食欲が旺盛で、よく噛まずにかき込んで食べる。 ・体重増加が著しく、急激に肥満度が上がっている。 ・小４から、精神安定剤を服用している。	・自分の要求等が叶えられずかんしゃくを起こす。 ・思い込みや勘違いでパニックになる。 ・叫び声を聞く、泣く様子を見る等で情緒不安定になる。	・自分の思いのままに行動し、介入しようとすると叩く、押しのけるなどする。 ・人数が多い集会活動では、教室に入れないことがある。	・イヤーマフ使用。甲高い声などに過敏に反応する。 ・視覚からの情報で状況を理解している。 ・写真カードは細部まで見て区別する。	・日常生活動作は一人でできるが、ていねいさは見られない。 ・ボールを地面につくことが大好き、歩きながら器用にドリブルして進む。	・クレーンや手引きで援助を求める。 ・身振りで要求を伝えられる。 ・写真カードを指さして、場所や活動を伝える。 ・音楽が大好きで、好きな曲を何度もリクエストする。

②－２ 情報の整理（学習上又は生活上の困難や、これまでの学習状況の視点から整理）

・自分の思い通りにならないと、かんしゃくを起こし、人を叩く、物を投げる、大声で泣き叫ぶなどする（心・人・コ）。
・自分の思いを押し通そうとし、止められると怒る。人に介入されることを嫌がり、手で押しのける（心・人・コ）。
・新しく興味をもった物事に対しては、飽きるまでの期間ずっと繰り返す（心・環）。
・写真カードを識別したり、状況を見たりして行動しているが、思い込みや勘違いも多い。写真カードを使って視覚的に説明すると、よく見て理解しようとする（人・環・コ）。
・関係のとれた人とは親しくかかわり、歌ってほしい歌を身振りと発声で要求する（人・コ）。
・体重増加が著しく、肥満度が急激に上がっている（健）。

②－３ 情報の整理（○年先の姿の観点から整理）

・自己完結的に行動するのではなく、人との信頼関係を築き、困ったときに支援を求めたりできるようになってほしい。人と一緒に活動することの楽しさや喜びを感じてほしい（人）。
・スケジュールや活動内容に見通しをもつことで、気持ちを安定させ、落ち着いて生活してほしい（環・コ）。
・自分の要求を伝え、他者の意図を理解することにより、折り合いをつけられるようになってほしい（心・人・コ）。

③ 課題の抽出（①をもとに②－１、②－２、②－３で整理した情報から）

・人への信頼が育っていない。人に要求を伝えたり、援助を求めたりするよりも、一人で行動することが多い（人・コ）。
・視覚からの情報で理解する傾向が強いが、思い込みや勘違いも多い。複数の写真カード並べたものをスケジュールとして理解することは、十分にできていない（心・環）。
・他者の意図を理解したり、受け入れたりするなど、折り合いをつける力がまだ育っていない（心・人・コ）。

1　本事例の概要

Ａ男は小学部６学年の児童。知的障害と自閉症があり、太田ステージ評価ではⅠ－３段階。自分の目的や要求を叶えたい気持ちが強く、多動で衝動的な行動が目立ち、激しいかんしゃくを起こすことがあった。教師との信頼関係を築くことができるよう、Ａ男の好きなことを日課に組み込みながら、相手の意図に応じたり、折り合いをつけたりできるようにかかわったところ、自己調整する力が芽生えてきた。

2　情報収集（例の①）

筆者は、実態把握に関する情報収集に当たって、学校で引き継がれている資料にまず目を通している。そこには多くの情報が集約されている。発達の状況、障害特性、配慮事項、興味・関心、教育的ニーズ等を読み取り、かかわりの糸口や勘所を探る。そして、実際に子供とかかわる中で、さらにきめ細かな実態把握に努めている。

3　情報の整理（例の②－１、②－２、②－３）

②－１では、Ａ男は自分の要求に基づいて人にかかわるが、一方的で双方向のコミュニケーションにはなっていないこと、聴覚過敏による生活の困難さを抱えており環境面の配慮や支援が必要であることが分かった。②－２では、視覚からの情報を手掛かりに行動することが多いが、状況によっては自分の思い通りにならず不適応を起こしていること、人からのかかわりを拒否する場面が多く、人との信頼関係が十分築けていないことが分かった。②－３では、将来を見据えて、人とのかかわりやコミュニケーションの充実を図り、自己調整力を少しずつ身に付けていく必要があると考えた。

印象に残るエピソードがある。「水着を着ている人を見ると、すぐに着替えてプールに行く」「他学部の遠足の日に、リュックを背負って自分も一緒にバスに乗り込もうとする」「家庭で塀を乗り越えたり、鍵を開けたりして出て行き、保護されたことがある」など、自分の思いを実現しようとする強い意思に基づく行動が目立つ。これから思春期に向かって、身体が大きくなり力もついてくると、ますます不適応行動が出てくると予想される。そうした事態にならないように、人との信頼関係を築きながら、自己調整力を身に付けていくことが喫緊の課題であると考えた。

なお、体重増加（肥満）は大きな問題であるが、基本的欲求に基づく食事の指導は、人と信頼関係が十分に育ち、自己調整力がついてから行うべきであると捉え、食事量の調整や環境調整等の工夫を行うこととし、優先課題からは除外した。

④　**中心的な課題の導出**　（③で整理した課題同士がどのように関連しているのかを整理）

成長とともに、本人の思いが膨らんできて、興味・関心も広がってきているが、生活の様々な状況の中では本人の思い通りにならず、制止されることが多いため、人への信頼が育たない悪循環になっている。本人が理解できないまま、行動を制限されているので、絶えずストレスや不全感を抱えていると考えられる。

まずは信頼できるキーパーソンをつくり、本人の特性に応じた環境調整や、本人の気持ちに寄り添ったきめ細かな支援を受けることによって、ストレスを緩和し情緒の安定を図る。その上で、好きなことを通して、人と一緒に活動する楽しさを味わったり、人からの求めに応じたりする気持ちを育てていくことが大切である。そして、視覚支援を有効に活用し、他者の意図を理解し、コミュニケーションを改善し、人と折り合いをつけるなど自己調整力を育む必要があると考えた。

⑤　**指導目標の設定**

課題同士の関係を整理する中で今指導すべき目標として	教師との信頼関係を築きながら、活動内容やスケジュールに見通しをもち、安定した気持ちで学校生活を送る。

⑥　**必要な項目の選定**　（学習指導要領の内容から、但し紙数の関係で学習指導要領の区分・項目の一部を表記）

課題達成に必要な項目の選定	健康	心理的な安定	人間関係の形成	環境の把握	身体	コミュニケーション
	／	(1) 情緒の安定 (2) 状況の理解と変化への対応	(1) 他者とのかかわりの基礎 (2) 他者の意図や感情の理解 (3) 自己理解と行動の調整	(5) 概念の形成	／	(1) 基礎的能力 (2) 言語の受容と表出 (4) 手段の選択と活用

⑦　**項目と項目を関連付ける際のポイント**

〈人との信頼関係を築くこと〉心 (1)、人 (1)(2)、コ (1) を関連付けて設定した内容が⑧の**ア**
〈コミュニケーション：人に対する自発的な発信〉コ (1)(2)(4) を関連付けて設定した内容が⑧の**イ**
〈コミュニケーション：他者の意図理解、自己調整力〉人 (1)(2)(3)、コ (2)(4) を関連付けて設定した内容が⑧の**ウ**
〈得意な視覚からの情報を活用したスケジュール理解〉心 (2)、環 (5)、コ (4) を関連付けて設定した内容が⑧の**エ**

⑧　**具体的な指導内容の設定**

選定した項目を関連付けて具体的な指導内容を選定	**ア**　力を抜いて、安心して身体へのかかわりを受け入れることができるようになる。	**イ**　簡単な身振り、発声、指さしなどで、自分の思いを具体的に伝えられるようになる。	**ウ**　相手の意図を理解し、求めに応じたり、ゆっくり取り組んだり、我慢できるようになる。	**エ**　視覚情報を理解し、納得して次の活動へと気持ちを切り替えることができるようになる。

⑨　**授業計画の作成**

自立活動の時間	日常生活の指導	教科別学習	左以外の時間
・かかわり遊びを通して教師に身体を任せたり、指示に応じてゆっくり動かしたりする。 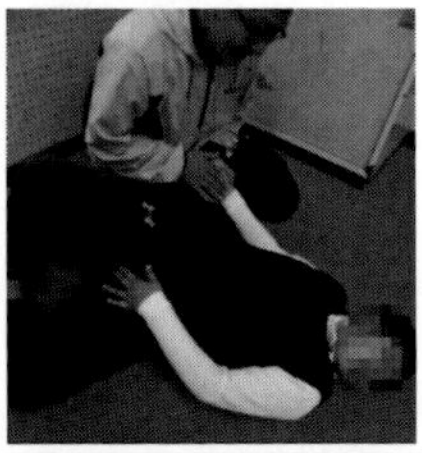	・身振りや発声で、曲をリクエストする。（曲のレパートリーを増やす） ・NO の表現（やめて、嫌の意、手のひらを突き出す）を覚える。（自分の意思が伝わる） ・スケジュールを理解する。 ・好きな活動を待つ。（我慢できる、「待ってカード」）  	・個別学習で、教材を使った教師とのやりとりの中で、他者の意図を受け止め、応じる。 	・大人とスキンシップをとったり、歌遊びやかかわり遊びを楽しんだりする。

4　指導課題の抽出と整理（例③、④）

③に指導課題と思われるものを抽出した。A男は、自分の思いのままに行動するが、様々生活場面では思い通りにならないことも多く、日常的にストレスを抱えている。その上、人に対する信頼が育っていないため、コミュニケーションが一方的である。そこで、信頼できるキーパーソンとの関係を築くことを優先課題とした。A男のストレスを緩和し、情緒の安定を図る。その上で、好きな活動を生活の中に組み込んで、人と一緒に活動する楽しさを共有する。そして、視覚からの情報を理解する力を活用して、他者の意図を理解し、人からの求めに応じたり、折り合いをつけたり、我慢したりする力を身に付けていく。自分の意思を正確に伝える手段を身に付け、伝わる喜びを積み重ね、気持ちにゆとりをもち、他者の意図を受け入れたり、折り合いをつけたりする。教師が本人のニーズに合った情報提供を心掛け、コミュニケーションの質を高めることで、学習の積み上げができると考えた。

5　指導目標の設定（例⑤）

キーパーソンの支援により情緒が安定し、双方向のコミュニケーションを充実させながら、A男が納得した学校生活を送らせたい。本人の好きなことや興味・関心に基づく活動をうまく取り入れることで、目標達成は可能であると考えた。

6　指導内容の設定（例⑥、⑦、⑧）

指導内容の検討に当たり、まず学習指導要領の内容から、必要とされる項目を書き出し、それらの関連付けを考えた。目標を達成するためには、A男の人に対する抵抗感をなくす指導が必要と考え、身体を通して人とかかわる指導を設定した。そしてA男とキーパーソンの信頼関係を築いていくために、コミュニケーションの指導を設定した。コミュニケーションは、発信と受信に分けて目標を整理し、特に受信に関しては、他者の意図を理解するだけでなく、少しずつ人の求めに応じたり、折り合いをつけたり、自分の行動を調整するような課題を設定した。さらに、得意な視覚からの情報活用力を生かしたスケジュール理解を促すことで、より安定した生活が送れるように指導内容を設定した。具体的な指導内容を⑧のように設定した。

7　授業計画の作成（例⑨）

⑧アは、環境を整えて指導することが有効であると考え、自立活動の時間で指導することとした。⑧イは、学校生活のあらゆる場面で繰り返し指導することとした。⑧ウは、教材を使って指導すると分かりやすいと考え、教科別学習の中で個別の時間を設定したが、学校生活全ての時間を通じて指導できるとも捉えた。⑧エは、少人数のグループ学習の中で、歌・かかわり遊びを取り入れ、取り組むこととした。

◆個別の指導計画作成例２◆

～情報間の関連や発達検査等の情報を重視した例～

① **情報の収集**（○日常の行動観察からの情報、▽これまでの指導に関する情報）

○書字への抵抗感を示しているが、形の整わない二語文程度を記すことがある。
○読書時には縦書きの本を選択する傾向にある。机上に伏せた状態で読み進める姿が見られるが、横書きの際には頭部左を下にした状態で読み進めることが多い。
○予定を確認しながら行動することができるが、予定変更等に対しては時間にこだわりを示す、乱暴な言葉で返してしまうことなどが多い。指導者が話をしていても、話をすり替えたり、次の行動に移ろうとしたりすることがある。
▽境界域精神遅滞、LD及びADHDの診断を受けており、特に書字に強い抵抗を示している。小学生時には不定期な盲学校の巡回指導を受けていた。
▽座位や歩行等、姿勢に関する指導はその場での口頭指示が中心であった。

② **情報の整理**（情報間の関連の把握）

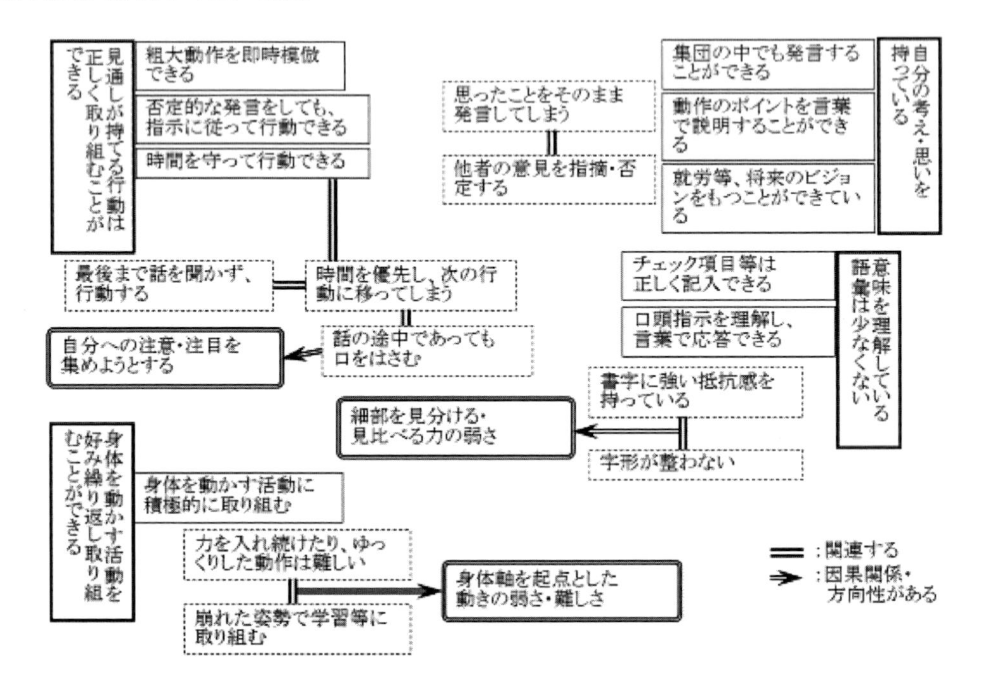

③ **追加情報の収集**（検査により目に見えない課題を明確化）

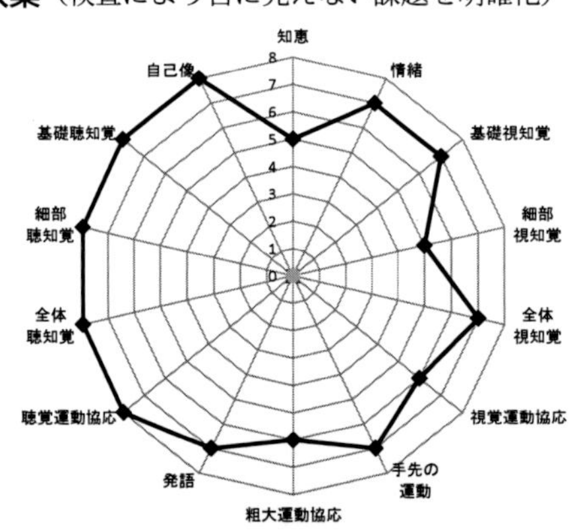

※感覚と運動の高次化発達診断評価法（宇佐川浩著「障害児の発達臨床〈1〉感覚と運動の高次化からみた子ども理解」（学苑社）に掲載の発達診断の結果をレーダーチャートに表したもの。）

1　本事例の概要

Ｂ男は高等部２学年の生徒である。字を書くことや場に応じた適切な態度等に困難さがあった。姿勢の安定や視覚情報の処理及び活用を中心的課題として、認知面の発達、運動のコントロール、外界とのかかわりを中心として指導した結果、身体的・認知的な変化が安定につながり、周辺への適切なかかわりが促されてきた。

2　情報の収集（例２①）

過去の指導や現在の行動観察より①に示したような情報を得られた。また、朝読書で縦書きの本を選択することが多いこと、机においた腕に左耳を付けて頭を傾け、右から左へと視線を移していくことなどから、視線を横に動かして文字等を追うことが難しいという貴重な情報が得られた。

3　情報の整理と追加情報の収集（例２②、③）

②のように情報を整理する過程で、認知発達の状況、身体機能や運動のコントロール等の「目に見えない発達上の課題」について追加の情報等が必要だと考えた。

「感覚と運動の高次化発達診断評価法」を実施した結果、視覚に関する項目と運動に関する項目において全体的な困難さが考えられた。特に図形や空間の知覚等に影響を及ぼす細部視知覚が低くなっており、思考力・判断力・表現力の基盤となる知恵も低くなっていると考えられた。また、身体機能や運動をコントロールする力を把握するため、登下校時や休憩時等における運動・動作の観察を行った。経験の有無や不足による難しさであるのかを把握するため、時には一緒に活動し、口頭指示や見本動作によって即時あるいは徐々に修正が可能であるかどうかを判断した。

追加情報を収集した結果、視覚情報を適切に処理することの難しさや姿勢の不安定さがＢ男の困難さの背景であることが分かってきた。

4　指導課題の抽出と整理（例２④）

Ｂ男の「指導課題と思われること」を抽出した。指導課題については、収集した情報から教師が目指す姿（例えば発展課題）になりがちであったが、困難さが取り除かれれば発達が促進されるという視点で考えた。そのため、将来的な展望から現時点で目指す姿を中心課題とし、中心課題を達成する基礎課題を考えた。基礎課題の設定に当たっては認知、身体、外界とのかかわりの３項目に大別した。

また、本校では「自立活動の時間における指導」が設定されていないため、Ｂ男の苦手意識を取り除いたり、発達を促したりするための視点（基礎課題）を各教科等の担当教師と共有することが必要であると考えた。

④　**中心課題及び基礎課題の抽出と整理**（中心課題を据えて基礎課題と発展課題を設定）

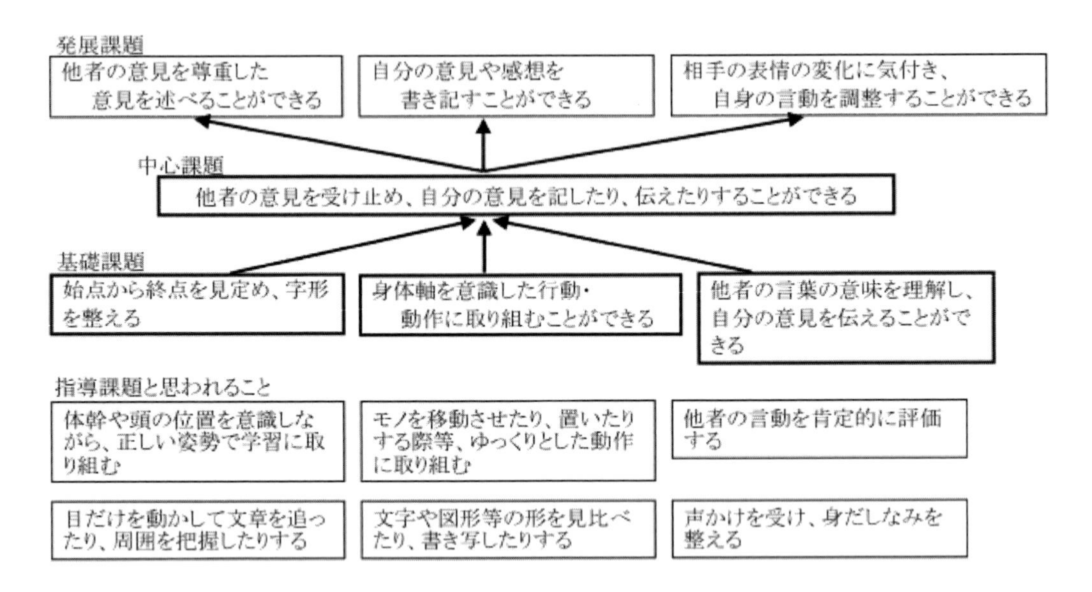

⑤　**具体的指導内容及び指導場面の設定**（基礎課題を当面の目標として授業を計画）

基礎課題と配慮点	**ア．始点から終点を見定め、字形を整える。**	**イ．身体軸を意識した行動・動作に取り組む。**	**ウ．他者の言葉の意味を理解し、自分の意見を伝える。**
	1) 左側に視線を向けたり、向け続けたりする活動をする。 2) 上下左右等、様々な方向への追視・注視や動作を促す。 3) 移動速度や停滞時間を変化させる。	1) 不安定な足場上での活動やゆっくりとした動作、保持等の各動作に繰り返し取り組む。 2) ペアやグループでの活動を設定し、相手とのやりとりの重要性が感じられるようにする。 3) 動作速度を変化させることで、固有覚への刺激を意識した活動を設定する。 4) 提出物の受け渡し等、受け取り側を意識できるよう、必要に応じてやり直しを促す。	1）話し合い活動での発言者（意見者）の場面と進行役（まとめ）の場を設定する。 2) 小グループでのリーダー（責任者・集約）としての場を設定し、他者の言動を把握する場を設ける。 3) 板書や図示を行い、視覚的に把握できるようにする。 4) 自他の評価は20字程度の簡潔な文章記入とし、常に見ることができるように掲示する。 5) 記入・発言内容について聞き返しを行うことで確認したり、言葉の意味確認や肯定的評価につなげたりする。

課題達成に必要な項目※	**健康の保持**	**心理的な安定**	**人間関係の形成**	**環境の把握**	**身体の動き**	**コミュニケーション**
		(2) 状況の理解 (3) 障害による困難を改善・克服	(2) 他者の意図 (3) 自己の理解 (4) 集団への参加	(4) 感覚を総合的に活用 (5) 概念の形成	(3) 基本動作 (5) 動作と円滑な遂行	(3) 言語の形成と活用 (5) 手段の選択

具体的な指導内容を設定	点図形で、左側の図を右側に転写する	チェイシングやサッカード（ビジョントレーニング）	頭部の位置や身体軸を意識した活動	小集団内での進行や責任者、集約としての役割を担う	自分自身や他者を評価する記入

主な指導場面	朝の自由時間	学級活動	理科	専門教科	部活動

※学習指導要領の内容から、但し紙数の関係で学習指導要領の区分・項目の一部を表記。

5　中心課題の設定（例２④）

中心課題を「他者の意見を受け止め、自分の意見を記したり、伝えたりすることができる」とした。基礎課題として、認知、身体、外界のかかわりを指導することにより、周辺環境についての情報が正しく処理され、思考・判断・表現等の認知発達が促され、自己調整性や外界志向性の向上が期待できると考えた。

6　具体的な指導内容の設定（例２⑤）

④で整理した基礎課題について、学習指導要領の内容から必要な項目を選定し、関連付けを検討して具体的な指導内容を設定した。

7　授業計画と実践

図５　ビジョントレーニング

Ｂ男が理解でき効果を実感できる学習活動を設定することにした。基礎課題アの認知面の改善については、ビジョントレーニングの方法を取り入れ（図５)、個別の学習ができる朝の自由時間を中心に取り組んだ。この指導は、理科、専門教科、部活動の指導でも取り組んだ。その結果、横書きの文章を視線の動きだけで追って読む等、視覚情報を正しく捉えて処理できるようになり、指導場面以外の時間にも自主的に取り組む姿が見られた。

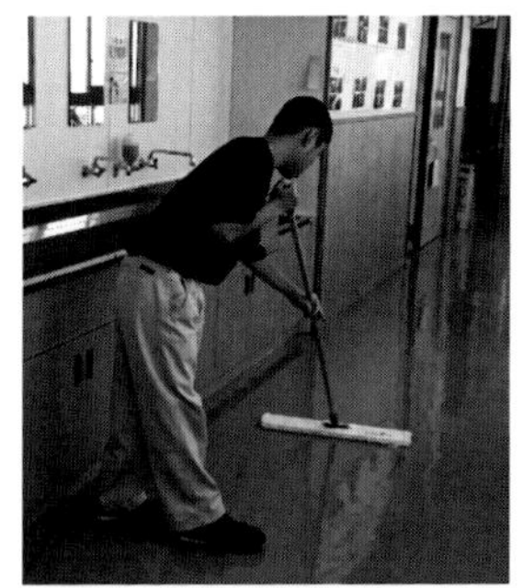
写真１　身体の中心を起点にした動作

基礎課題イの身体軸を意識した動作については、体を動かす学習に積極的姿勢が見られたことから、専門教科や部活動等で様々な学習内容を設定した。その結果、身体の中心を起点にした動作や姿勢保持が見られるようになってきた（写真１)。

基礎課題ウの他者とのかかわりについては、話し合い活動や相談、連絡等の他者とのかかわりに取り組むことができる学級活動や専門教科を中心に取り組んだ。２学期末には、周囲に目を向け感謝の気持ちを表す姿が見られた（写真２)。

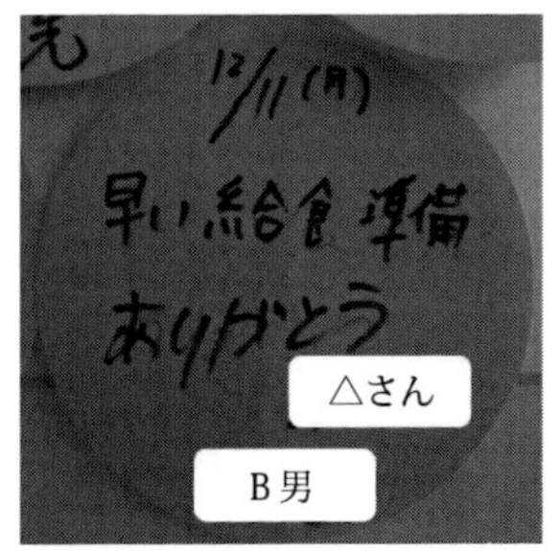

写真２　感謝の気持ちを表す

基礎課題を各教科の担当教師と共有することにより、連続的かつ多様なアプローチが可能となり、Ｂ男にも意識しやすい活動となった。以上の結果、身体的・認知的な変化につながり、周辺への適切なかかわりが促されてきた。

第4章

自立活動の指導の展開

本章では、個別の指導計画作成後の指導の展開、その後の評価・改善、個別の指導計画の作成や指導の展開を支える指導体制について整理する。また、近年、知的障害特別支援学校において重度・重複障害の児童生徒が増えている現状を踏まえ、自立活動を主とした指導に言及する。

1　自立活動の指導の展開

(1) 学校の教育活動全体を通じた指導

自立活動の指導で取り上げる個々の児童生徒の障害による困難さは、学習や生活のあらゆる場面に影響する。例えば、「自分の意思を伝えられない」という困難さは、いろいろな場面で欲求が満たされず様々な不適応行動を生じさせるであろう。落ち着きのなさ、情緒の不安定さとなって現れるかもしれない。

まずは、「自分の意思を伝えられない」という困難さの原因や背景が分析されなければならない。例えば、児童が伝えるために有効な手段をもっていない、児童はいろいろな表出をしているが大人が受け止めていない、児童と大人の間で信頼する関係が育っていないなどの原因や背景が浮かび上がってくることだろう。指導すべき課題としては、「児童が好む活動を共に行いながら、基本的信頼感を醸成しつつ、児童の意思の表出を育む」といったことが考えられるだろう。

こうした課題の指導が、自立活動のために特設された「時間」の中だけでできるものでないことは容易に想像できるだろう。「自分の意思を伝えられない」という困難は学習や生活の多くの場面で生じている。その困難さの改善のためには、学校の教育活動全体を通じた指導が必要となる。先の例で言えば、「児童が好む活動を共に行う」という指導は、特設された「時間」がよい場合もあるだろうし、みんなで遊ぶ時間の中で教師が児童に個別に応じる場面でよい場合もあるだろう。30分程度じっくりかかわる必要がある場合もあるし、登校後の朝の会までの時間でよいかもしれない。時間や方法ありきではなく、児童生徒が必要とする指導が計画され展開される必要がある。

自立活動の指導を学校の教育活動全体を通じて行うことについては、学習指導要領総則に次のような規定がある。

> 学校における自立活動の指導は、障害による学習上又は生活上の困難を改善・克服し、自立し社会参加する資質を養うため、自立活動の時間はもとより、学校の教育活動全体を通じて適切に行うものとする。特に、自立活動の時間における指導は、各教科、道徳科、外国語活動、総合的な学習の時間及び特別活動と密接な関連を保ち、個々の児童又は生徒の障害の状態や特性及び心身の発達の段階等を的確に把握して、適切な指導計画の下に行うよう配慮すること。
>
> （学習指導要領第１章第２節の２の（4））

（2）自立活動の指導の場

「学校の教育活動全体を通じて」指導するというが、具体的にはどのような指導の場があるのだろうか。次の三つに整理できる。

①　自立活動の時間における指導

自立活動の指導を行うために特に設けられた時間であり、解説総則編では、この時間が自立活動の指導の「要」になると示されている。この時間を何時間設けるかについて学習指導要領では、「児童又は生徒の障害の状態や特性及び心身の発達の段階等に応じて、適切に定めるものとする」と示されている。このことは、一人一人の障害の状態等が異なることから一律に定めることはできないので、一人一人に応じて時間を確保する必要があることを意味する。解説総則編には、「授業時数を標準として示さないからといって、自立活動の時間を確保しなくてもよいということではなく、個々の児童生徒の実態に応じて、適切な授業時数を確保する必要がある」と明示されている。

前述したように、知的障害特別支援学校では、自立活動の時間の設定をしていない学校が多い。一方で、学部や学校全体で、児童生徒の自立活動の指導の必要性を検討し、学年や学部で集団の授業しているときに、自立活動担当の教師や学級担任等が児童生徒を抽出するなど工夫している学校もある。また、登校後の時間帯や給食前の時間帯に 10 ～ 15 分程度、自立活動の時間として確保している例もある。指導すべきことは何かを押さえることによって指導時間を生み出すことができる。児童生徒が必要とする指導を可能にすることが教育課程編成に求められることである。

②　各教科等と合わせて行う指導又は各教科等と関連を図って行う指導

知的障害のある児童生徒を教育する場合には、各教科、道徳科、特別活動及び自立活動を合わせて授業を行う（学校教育法施行規則第 130 条第２項）ことができる。知的障害特別支援学校では、この各教科等を合わせて行う指導として日常生活の指導、遊びの指導、生活単元学習、作業学習等が行われている。効果があると考えられる場合には、これらの指導に自立活動を合わせて指導することができる。

ただし、各教科等を合わせた指導において自立活動を合わせる場合には、自立活動の指導目標や具体的な指導内容を明確に押さえて指導に当たることが重要である。また、国語や算数等の各教科と自立活動を合わせて指導を行うこともできる。言葉や数量概念の基礎にかかわる内容は、自立活動の内容と関連が深い。見る力や聴く力を高める指導と国語、算数の内容を関連付けて効果的な指導を行うことが考えられる。この場合も、自立活動の指導目標と具体的な指導内容を押さえることが大切である。

各教科や道徳科等と自立活動を合わせずに、各教科や道徳科等の指導において自立活動の時間の指導を関連させながら取り扱うこともある。例えば、自立活動の時間で身体の動きの模倣に関することを指導していて、体育や音楽の身体表現で関連した内容を扱う場合、自立活動の時間に習得したことを踏まえて指導に当たるといったことが考えられる。

③　休み時間、教室の移動等①、②を除くあらゆる機会における指導

障害による困難さは、学習や生活の様々の場面で生ずる。「自分の意思を伝えられない」という困難さは、休み時間にも教室移動の際にも起こりうる。むしろ、生活の自然な流れの中で、児童生徒が何かを欲したり気付いたりしたときこそ意思を伝える術がないと困ることだろう。したがって、自立活動の時間に学んだ意思を伝える方法は、休み時間などでも使えるように指導を計画する必要がある。学校の教育活動全体を通じて指導を展開しなければならないのである。

（3）三つの指導の場を有効に活用した指導事例

自立活動の指導においては、以上述べた三つの指導の場を緊密に関連させて指導を展開することが求められる。では、どのように関連させたらよいのか。事例を紹介しよう。この事例は、愛知県立みあい特別支援学校の岡田拓也教諭が、前任の筑波大学附属久里浜特別支援学校で行った実践である。この事例の指導目標と、各指導場面における具体的指導内容の関係を示したのが図６である。

Ｃ男には、言葉が広がらないという課題があった。気付いたことを伝えるときや欲しいものを伝えるときは単語だけを話し、気持ちを表す言葉を使うことはほとんどなかった。そこで、「相手を意識して、自分から体験したことやその時の気持ちを伝える」ことを長期目標とし、「充実した体験の中で言葉に触れる（短期目標１）」と「使った言葉を思い出し再現する（短期目標２）」を目指すこととした。

これらの目標を達成するためには、Ｃ男が体験と結び付いた言葉を聞き、記憶し、まねて使ってみる機会（指導内容①）が必要であった。そこで、当該校の各教科等を合わせた指導である「いきいきタイム」に自立活動を合わせて、この指導内容１を取り扱うことにした。いきいきタイムは、学級ごとに児童が興味をもつ内容を中心として社会生活に必要な力を育てる学習である。体験的な学習の中で気付きや発見が多く、いろいろな人との出会いもある。体験と言葉を結び付けて学習することができると考えた。また、児童は、ごっこ遊びや運動遊びが好きであり、遊びの中ではいろいろな気持ちの表出が見られた。そこで教師は、児童の発声や気持ちの表出があったときに、気持ちを表わす言葉を意識して使うようにした（指導内容②）。実体験の中で、気持ちを表わす言葉を印象付けようと考えた。

このように体験学習や遊びの中で、児童がこれまでに使っていなかった言葉を印象付けながら、自立活動の時間に体験学習や遊びのようすを振り返る学習を行った。体験したことを記憶から呼び起こし、そのときに使った言葉などを思い出させることによって、児童が自分から使える言葉が増えていくと考えた。こうした指導を、自立活動の時間の指導として毎日 10 分程度行うこととした（指導内容③）。

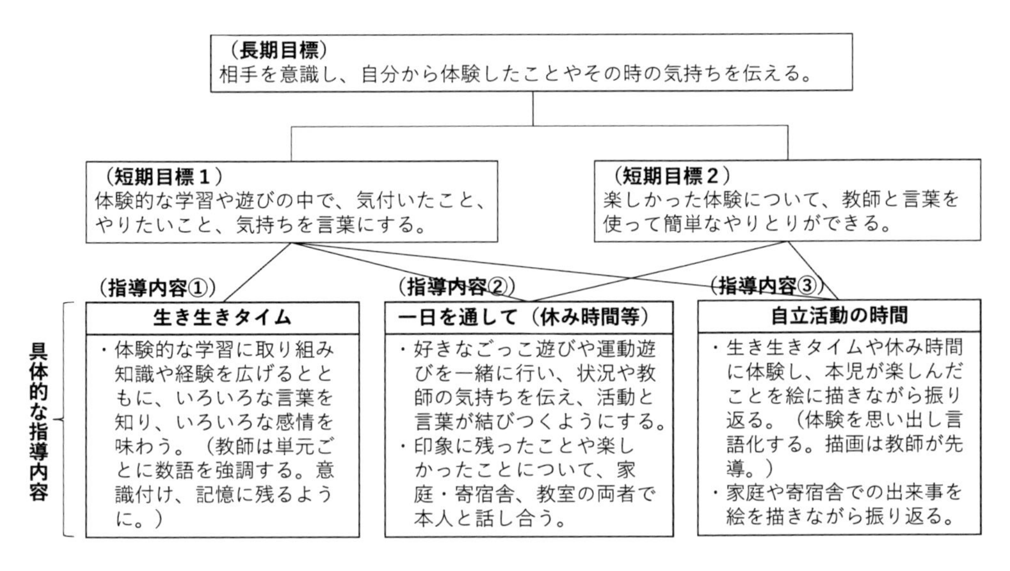

図６　指導の場の関連を図った指導の例

ところで、この児童は、記憶の再現が苦手であることが、当該校が行う検査で明らかになっていた。絵を見ることは好きであったが、描くことは苦手であった。そこで、岡田教諭は、振り返りの方法として、体験したことを教師が主導して描きながら対話するという方法をとった。

具体的には、教師の質問にＣ男が答えると、教師が紙に描く。Ｃ男が生き生き話したことは吹き出しに書き入れる。Ｃ男は、気持ちがのってくれば自分で描くこともあった。秋の遠足を思い出してやりとりしながらできたのが図７である。

充実した体験の中で言葉を印象付け、時間をおいてそれを再現する指導は、各教科等を合わせた指導、休み時間の遊び、自立活動の時間の指導を密接に関連付けて行ったものである。実際にこの指導は大変効果を上げ、C男は使える言葉を増やしていくとともに、気持ちを表す言葉も使うようになっていった。

図７　自立活動の時間にC男と教師が対話しながら作成した絵

この絵では、動物園のレイアウトやC男を教師が描いた後、他の人物や動物などをC男が描いた。建物と吹き出しの中の文字は教師が書いた。

■ 2　自立活動の指導における評価の工夫

（1）自立活動の指導における評価

学習評価では、指導目標の実現状況を把握するとともに、児童生徒がどのように学習に取り組んだか、どこでつまずいたのか等を捉え、指導の改善に生かすことが大切である。自立活動の指導は、個々の児童生徒の障害による困難の改善を目指し、指導すべき課題を明らかにした上で、到達可能な指導目標を設定して実践される。したがって、自立活動の評価においては、まず、個別の指導目標の実現状況を把握することになる。どのように評価するかの検討も必要であるが、そもそも設定した指導目標や内容の妥当性が吟味されなければならない。

（2）個別の指導目標の吟味

知的障害特別支援学校の現場から、「評価が曖昧になりがち」「毎年のように同じ目標が立てられている」という話を聞くことがある。このような話は、限定的な話ではないようである。平成22年３月に公表された「児童生徒の学習評価の在り方について（報告）」では、知的障害のある児童生徒に対する指導や自立活動の指導では、「設定した指導目標が高すぎたり、指導内容が具体性を欠いたりするなどにより、結果として、効果的な指導につながらないことも考えられる。このため、設定する指導目標や指導内容については、その妥当性の向上に十分配慮する必要がある」と指摘されている。

自立活動の評価が個別に設定された目標の実現状況を見るものである以上、評価の適切さを問題にするには、まず目標を吟味しなければならない。個別の指導目標が児童生徒の実態に照らして適切な水準にあること、また、観察可能な具体性を有しているかどうかがポイントとなる。

例を挙げてみよう。図８は、人とのかかわりが乏しいためコミュニケーションが難しい児童の目標と評価の例である。児童の実態を整理し、「大人に対する自発的な意思の表出」を指導すべき課題とした。その課題を受け、例１では、「大人に対して自発的な意思の表出を増やす」ことを目標とした。それに対し、例２の目標では、表出を促すことは同じでも、場面、人、表出の種類（要求と感情）、表出の方法等が限定され、具体的になっている。別な見方をすると、この児童の到達可能な表出は、よい条件が揃ったところで、限定的な形で見られることを予測している。

（指導目標）
大人に対して自発的な意思の表出を増やす。

（評価）
遊びの場面で、もう一度やってほしいという要求が頻繁に見られるようになった。

目標と評価の例1

（指導目標）
自由な遊びの場面で、担任の教師に対して、好きな遊びの要求を発声や態度で行い、遊び中で発声や表情による感情の表出をする。

（評価）
毎朝の自由遊びで、担任に近づき両腕を挙げて担任が本児を抱いてぐるぐる回す遊びを求めるようになった。この遊びでは笑顔と発声が見られるが、しだいに声が大きくなってきた。

目標と評価の例2

図８　目標と評価の二つの例

（3）事実に基づいた評価

評価は、集められた材料を価値付ける行為である。学習評価の材料としては、テストやレポート、実技、行動観察など多様なものがあり、こうした評価材料を踏まえて、知識・技能が身に付いているか、思考力等が育っているかを判断していく。

図８例１のような目標に対する評価においては、いつ現れるか分からない児童の行動（この場合は表出）を評価材料とすることになる。その記録は、記憶に頼らざるを得ず、評価も曖昧になりがちである。目標の達成状況は、担当した教師の主観になりやすく、印象に頼った評価になるだろう。次の年度に、担当する教師が変わり、児童との信頼関係が十分構築されない中で、年度末までに見られた児童の表出が見られな

ければ、また、同じような目標設定ということにもなりかねない。

一方、図８例２のように、場面、人、遊びの種類などが限定された中で具体的に目標を設定すると、表出を捉える記録の場や観点が明確になる。目標とした行動が毎日何度も見られるのか、何日かに一回なのか、まだほとんど見られないのか、数値に置き換えられないとしても（一部は数量的な把握も可能であるが）事実に基づいた評価に近付くことができる。また、場面が限定されていれば、映像として記録し、他者に評価に加わってもらったり引き継ぎの資料としたりすることも可能である。このような評価を行えば、次に担当した教師は、自分との間で年度末までの表出が見られないことを（まだ前担任と同じのような人間関係にまで至っていないのだから）当然のこととして捉えられるだろう。そして、自分との間で前担任と同じ表出が見られることを、（新たな人間関係の中で目標を達成するという）大切な課題と捉えられるようになるのである。個別の指導目標を妥当性と具体性という観点から吟味するとともに、事実に基づいて評価をすることが大切なのである。

（４）観点別評価の工夫

学習指導要領では、全ての教科の目標・内容が育成すべき資質・能力の三つの柱である「知識・技能」「思考・判断・表現」「主体的に学習に取り組む態度」の３観点で整理された。知的障害の児童生徒が学ぶ教科も同様である。これらの観点は、自立活動の指導目標や内容を検討する上でも有効である。観点を設定しないと知識・技能に関する指導目標や内容に偏りがちである。習得した知識・技能を異なる場面や状況で活用しようと考えたり、主体的に活用したりする視点を指導目標や内容を検討する際に考慮することが大切なのである。

3　自立活動の指導体制

（１）全ての教師に求められる自立活動の専門性

自立活動の指導は、学校の教育活動全体を通じて行うものである。自立活動の時間はもとより、各教科等と密接な関連を図って行うこととされている。すなわち、特別支援学校の全ての教師が自立活動の指導に関与することになる。

自立活動の指導には、障害による困難さや困難さの改善に関する知識・技能が必要である。特別支援学校教諭免許状を持つ者は、これらの知識・技能を習得しており、免許状を有する者は自立活動の指導を担当することができる。国語や数学等の各教科の免許状を有する教師は、現職についてからも当該教科を指導する力量を高めるために努力する。同様に、特別支援学校の教師には、自立活動の指導力量を高めるために、専門性の向上に励むことが求められていることを忘れてはならない。

（2）一人一人のニーズに応えるために

平成 19 年度に特殊教育から特別支援教育に移行して 10 年が経過した。特別支援教育の理念は、「一人一人の教育的ニーズを把握し、その持てる力を高め、生活や学習上の困難を改善又は克服するため、適切な指導及び必要な支援を行う」ことであった。明確にされたニーズへの対応は、個々の教師や学校に任せるのではなく、学校全体や外部との連携により組織的に対応することが強調されてきたところである。

例えば、コミュニケーションを支援するための機器に対するニーズのある児童が、ある知的障害特別支援学校にいたとしよう。そうした機器を活用することに専門的な知識のある教師もいたとする。この児童と教師が所属する学級や学部等が異なっても、児童のコミュニケーションを支援する機器に関する対応がなされていれば良い。児童が所属する学級等によって、これらの支援が受けられたり受けられなかったりするならば、個々の教師任せの教育は変わっていないことになるだろう。

前述したように、特別支援学校に勤める全ての教師は、自立活動の指導に関する専門性を持たなければならない。一方、コミュニケーションを支援する機器に関するような専門的な知識や技能を全ての教師に求めることは難しい。自立活動の指導において中心となる教師には、全教師に求められる以上の専門的な知識・技能が必要であり、その専門性の確保は学校が組織的に取り組まなければならないことである。

（3）自立活動の指導を支える学校組織

自立活動の指導を支える体制について、学習指導要領には、「自立活動の指導は、専門的な知識や技能を有する教師を中心として、全教師の協力の下に効果的に行われるようにするものとする」と示されている。また、解説自立活動編では「自立活動の指導において中心となる教師は、学校における自立活動の指導の全体計画の作成に際し、担任や専科の教師、養護教諭、栄養教諭等を含めた全教師の要としての役割を果たす」として、より具体的な教師間の役割分担について示している。

では、実際には、どのような組織で学校全体の自立活動を進めたらよいのであろうか。図９は、自立活動の指導において中心となる教師を置いて、学校全体の自立活動の指導を推進している状況を示したものである。専任の教師２名と学級担任を兼務している教師２名で「自立活動部」を構成している。自立活動部の役割は、まず、自立活動の指導の全体計画の作成である。自立活動の個別の指導計画の作成方法を示したり、自立活動の時間を調整したりする。また、学級における自立活動の指導が充実するよう様々な情報を収集・提供したり研修を企画・実施したりする。外部の専門家に対する各学級のニーズを集約したり、専門家の指導の窓口になったりするのも自立活動部の役割になる。専任の教師２名は、それぞれコミュニケーションや身体の動きの指導に専門的な知識・技能を有しているので、各学級からニーズのある児童生徒を抽

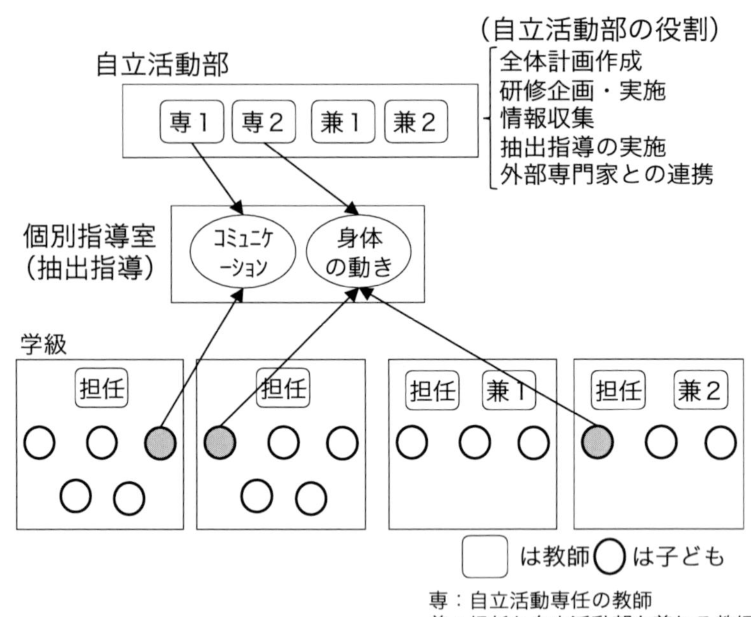

図９　自立活動を支える学校組織の一例

出して指導にも当たる。

（４）外部の専門家との連携

自立活動の指導を充実させるためには、外部の専門家との連携を検討することも重要である。外部の専門家との連携は、外部人材を学校に導入することに限るものではない。地域で障害のある子どもを支える医療や心理、リハビリテーションや工学の専門家等から、自立活動に役立つ情報を入手することなど幅広く考えるべきである。

また、医療や心理等の外部の人材を学校に導入するに当たっては、学校の受け入れ窓口を決め外部の専門家との橋渡し役とすること、教師は教育の専門家として自立活動を進める立場から専門家のアドバイスを十分理解して指導に当たることなどに留意する必要がある。

■ 4　自立活動を主とした指導

（１）自立活動を主とした指導とは

知的障害のほかに自閉症や肢体不自由など他の障害を併せ有する重複障害の児童については、教育課程編成上の特例として自立活動を主とした指導が認められている。学習指導要領には、以下のように示されている。

重複障害者のうち、障害の状態により特に必要がある場合には、各教科、道徳科、外国語活動若しくは特別活動の目標及び内容に関する事項の一部又は各教科、外国語活動若しくは総合的な学習の時間に替えて、自立活動を主として指導を行うことができるものとする。　（学習指導要領第１章第８節の４）

まず、「障害の状態により特に必要がある場合」と示されていることに留意する必要がある。各教科等を指導することが原則である。各教科等の指導を行うことが難しい場合など特に必要がある場合に、自立活動を主として指導を行うことができる。

道徳科や特別活動については目標や内容の一部しか替えることができないが、各教科、外国語活動、総合的な学習の時間については取り扱うことも取り扱わないことも、目標や内容の一部を取り扱うことも可能である。極端に言えば、自立活動のほかに道徳科や特別活動の一部だけを行うこともできる。しかし、既に述べたように、各教科等の指導は、全ての児童生徒に指導することが原則であることに十分留意する必要がある。

（2）各教科と自立活動の取扱いの違い

重複障害の児童生徒を指導する現場において、「自立活動を主とする教育課程」と称して、全く各教科を取り扱わない例や「音楽的自立活動」や「体育的自立活動」のように自立活動の指導内容を共通化・固定化している例がある。前者については、児童生徒の実態に照らして、各教科の指導をすることが原則である点が考慮されていない。後者については、自立活動の指導が個別の指導計画に基づいて行われるものであることが考慮されておらず、音楽的自立活動を取り扱うことがはじめから予定されている。共通するのは、自立活動と各教科の取扱いの違いが十分理解されていないことが考えられる。

解説自立活動編では、こうした事情を踏まえ、各教科と自立活動の目標設定に至る手続きの違いに留意する必要があるとして、具体的な手続き例を示している。その例を、知的障害特別支援学校を念頭に示したのが表２である。

各教科の内容には、各教科の目標を達成するために必要な事項が、易しい事項から順に示されており、系統性や広がりがある。それに対して自立活動は、個々の実態に応じて必要な事項を取り上げる。両者を混同してはならない。児童生徒は、卒業後、社会に出て様々な人とかかわりながら多様な経験をすることになる。その基礎となる学校教育には、多くの人や場との出会いと共通の基盤となる経験が求められる。そうしたものを保障するのが各教科の指導である。

表２　各教科と自立活動の目標・内容設定の例

各教科	自立活動
目標・内容は、児童生徒の発達段階等に即して選定、配列されており、順に教育する	目標は実態に応じて、内容の全てを取り扱うものではなく必要な項目を選定して扱う
・児童生徒の学習状況から各教科の目標の何段階相当か把握 ・卒業までに育成すべき資質・能力を検討、在学期間の教育内容を見極める ・各教科の系統性を踏まえ教育課程を編成	・個々の児童生徒の実態把握 ・指導すべき課題や課題相互の関連を整理 ・個々の実態に即した指導目標の設定 ・学習指導要領の内容から必要な項目を選定 ・関連付けて具体的な指導内容を設定

（出典）解説自活動編：筆者一部改変

（3）自立活動を主とした指導を行う上での留意点

自立活動を主とした指導を行う際には、各教科等の指導について十分検討するほか、次の点に留意する必要がある。

①　教師間の連携と専門家の指導・助言

自立活動を主とした指導の対象となる児童生徒は、二つ以上の障害を有し、かつそれぞれの障害が重度であることが多い。そうした児童生徒の実態を的確に把握し、必要な指導を検討することは容易なことではない。校内にいる様々な知識や経験を有する教師が協力するとともに、外部の専門家等と連携しながら指導を検討する必要がある。

②　基本的な指導内容の設定

学習指導要領では、自立活動を主とした指導について「全人的な発達を促すために必要な基本的な指導内容を、個々の児童又は生徒の実態に応じて設定し、系統的な指導が展開できるようにする」と示している。

自立活動の内容は、「健康の保持」「人間関係の形成」など６区分に分かれているが、自立活動を主とした指導といっても、区分ごとに指導するものではない。健康の保持にかかわる運動をしていても、そこには人間関係の要素も環境の把握の要素もコミュニケーションの要素もある。個々の児童生徒に必要な基本的な指導内容に含まれるいろいろな要素に目を向け、その指導内容が発展していくようにすることが大切である。解説自立活動編では「児童が好む関わりを繰り返し行う中で、身近な人の存在への気付きから始まり、相手と安心できる関係を築きながら、人と関わることの楽しさを知り、身近な人への要求が引き出され、教師とのやりとりなど相互関係に発展していく」と例を示している。

●引用・参考文献●

<第１部第１章>

文部科学省（2017）特別支援学校幼稚部教育要領小学部・中学部学習指導要領
http://www.mext.go.jp/component/a_menu/education/micro_detail/__icsFiles/afieldfile/2018/05/23/1399950_2_1.pdf

文部科学省（2018）特別支援学校教育要領・学習指導要領解説 自立活動編（幼稚部・小学部・中学部）
http://www.mext.go.jp/component/a_menu/education/micro_detail/__icsFiles/afieldfile/2018/05/23/1399950_5_1.pdf

安藤隆男編著（2001）自立活動における個別の指導計画の理念と実践．川島書店．

香川邦夫・藤田和弘編（2000）自立活動の指導．教育出版．

下山直人編著（2011）新しい自立活動の実践ハンドブック．全国心身障害児福祉財団．

<第１部第２章>

国立特別支援教育総合研究所（2012）専門研究「特別支援学校における新学習指導要領に基づいた教育課程編成の在り方に関する実際的研究」
http://www.nise.go.jp/cms/resources/content/7032/seika1.pdf

下山直人（2018）知的障害特別支援学校における自立活動の指導の現状と改善の方向性，実践障害児教育．学研プラス．

井上昌士（2017）自立活動がより理解されるために，特別支援教育研究．東洋館出版社．

<第１部第３章>

古川勝也・一木薫（2016）自立活動の理念と実践－実態把握から指導目標・内容の設定に至るプロセス－．ジアース教育新社．

辰巳武志（2018）個別の指導計画を有効活用し質の高い指導・支援につなげる，実践障害児教育．学研プラス．

野口明紀（2018）困難さの背景から実態を捉え認知発達を促す「授業力向上事業」．学研プラス．

<第１部第４章>

岡田拓也（2018）共有体験をとおして伝える思いを育むコミュニケーション指導，実践障害児教育．学研プラス．

中央教育審議会初等中等教育分科会教育課程部会（2010）児童生徒の学習評価の在り方について（報告）
http://www.mext.go.jp/b_menu/shingi/chukyo/chukyo3/004/gaiyou/attach/1292216.htm

文部科学省（2018）特別支援学校教育要領・学習指導要領解説 総則編（幼稚部・小学部・中学部）
http://www.mext.go.jp/component/a_menu/education/micro_detail/__icsFiles/afieldfile/2018/05/23/1399950_2_1.pdf

第5章

障害の特性と自立活動の指導

1　自閉症児を対象とした自立活動の指導

（1）自閉症の特性

自立活動の指導は、自閉症の障害特性によりもたらされる学習上又は生活上の困難さを主体的に改善・克服し、自閉症のある児童生徒の教育や生活の質を保障するために不可欠な指導である。自立活動の指導を行うに当たっては、自閉症の特性を正しく理解することが前提となる。以下、自閉症の特性について述べる。

①　社会的相互交渉の質的障害

自閉症のある児童生徒は、名前を呼ばれても応答がない、自ら他者に働き掛けることが少ない、あるいは自分から他者に積極的にかかわることがあっても、そのかかわり方が一方的であることで周囲から違和感をもたれる。また、相手が何を考えているのか、何を求めているのかといった他者の心情や行動の意味を推測したり理解したりすることが得意ではないため、他者と関係を築くことに困難さがある。

②　言語や非言語によるコミュニケーションの質的障害

自閉症のある児童生徒は、表情や身振りといった非言語コミュニケーションを用いて意思伝達を行うこと、ことばや身振りなどで他者と感情や意思を交流したり情報のやりとりを行ったりすることに困難さがある。一方、話しことばのある自閉症のある児童生徒においては、独特な言い回しやその場面や文脈では適切ではない表現を用いたりすることがある。

③　活動や興味の限局（同一性保持）

自閉症のある児童生徒は、急な変更に対処することが難しく一定であることを好む。また、他の事柄に興味を示しにくいことで他者とのやりとりが円滑に行われず、対人関係に支障が生じる場合がある。こうした自閉症のある児童生徒の行動や思考の硬さには、ゴールを見据えて計画し選択して行動を開始したり、環境の変化に対応して行動を修正し変更したりすること、すなわち、実行機能（情報を系統立てる認知過程の総体）の障害が関与していると考えられている。

④　その他の特性

a．感覚の過敏性／鈍麻

自閉症のある児童生徒の中には、光や音などの特定の刺激に対して過剰に反応し、それによって強い不安やストレスを感じる感覚面の過敏性が見られる場合がある。感覚面の過敏性の現れ方（聴覚、視覚、嗅覚、触覚、味覚）や程度は、個々によって異なる。一方で、痛覚や温覚に対する反応が乏しかったり、特定の刺激を過剰に求めたりする（例えば、常同行動や自傷）場合がある。

b．中枢性統合機能の弱さ

自閉症のある児童生徒は細部に注目し、断片的な記憶や認知には優れた能力を発揮するが、全体を捉えることに難しさがある。この中枢性統合機能の弱さは、自閉症のある児童生徒の障害の側面を現す一方で、彼らの優れた認知能力として捉えられている。

c．運動面の不器用さ

自閉症のある児童生徒には、ゴールを意識して運動を調整する能力や次の行動を先取りする運動遂行上の予測の難しさ、手指の巧緻性や身体的な不器用さ、姿勢制御や姿勢保持の問題などの運動面の発達に偏りが見られることがある。とりわけ自閉症のある児童生徒においては、身体運動と関連した「他者の動きの模倣が苦手」「視線が合いにくい」「ルールのあるゲームが苦手」といった社会性やコミュニケーションに関連する運動に困難さが見られる。

d．心理面の問題

自閉症のある児童生徒は、他者の意図を理解したり暗黙のルールを汲み取ったりすることが苦手である。このことが対人関係にかかわるトラブルを引き起こしたり、対人不安や被害的解釈につながったりする場合がある。

（2）自閉症のある児童生徒の自立活動の指導の考え方

上述した自閉症の特性の現れ方や程度は個々によって異なるため、指導に際しては個々の実態に応じて創意工夫することが大切である。つまり、上述した自閉症の基本的な特性を理解した上で、個々の認知特性を踏まえて指導目標や指導内容、指導方法を設定することが求められる。

自閉症のある児童生徒の自立活動の指導では、彼らの中核的な特性である学習指導要領の６区分の中の「人間関係の形成」と「コミュニケーション」を中心として構成されることが多い。しかし、上述した特性を見ると、相互に関連していることが分かる。このため、自立活動の指導内容を検討する際には、自閉症であるからといって「人間関係の形成」や「コミュニケーション」に関する内容に限定するのではなく、個々の実態に基づいて６区分 27 項目を関連付けて指導内容を設定することが重要である。

また、自閉症のある児童生徒への指導では、問題とされる行動面の改善や軽減にとどまるのではなく、彼らの認知能力の強みを活かしたり伸ばしたりする視点をもつことが大切である。

（3）自閉症のある児童生徒の自立活動の授業を組み立てる上での要点

国立特別支援教育総合研究所（2016a，2016b）は、「個々の児童生徒につけたい力（目標）の絞り込み」「自閉症のある児童生徒の障害特性や認知特性に留意した指導」「指導の振り返りの重要性」の三つの側面から、自閉症のある児童生徒の自立活動の授業を組み立てる上での要点を九つにまとめた（表3）。このうち特に留意すべき点は、＜要点1＞～＜要点3＞である。

表3　自閉症のある児童生徒の自立活動の授業を組み立てる上での要点

個々の児童生徒につけたい力（目標）の絞り込み	
〈要点1〉課題となる児童生徒の行動の背景や理由、興味・関心、得意なことを捉える	①課題となる児童生徒の行動の背景や理由を捉える ②児童生徒の興味・関心、得意なことを捉える ③個別の指導計画への児童生徒に関する肯定的な内容の記入
〈要点2〉長期目標と短期目標の設定ー児童生徒につけたい力（目標）を具体化するー	①目標の設定期間を定める ②長期目標及び短期目標の設定に当たっての留意点 ③個別の指導計画の様式例
〈要点3〉長期目標と短期目標を踏まえた単元の設定と指導の検討	①長期目標と短期目標に基づいた指導目標を設定する ②計画的に指導を進めるための指導計画の作成の必要性 ③長期目標、短期目標、各単元の目標の関連性を意識する ④集団での指導における全体目標の設定を工夫する ⑤児童生徒の実態の変化などに応じた指導計画の見直しの必要性 ⑥指導内容、指導方法などを検討する ⑦各単元のつながりを意識する
〈要点4〉自立活動の学習指導案（略案）の作成	①本時の目標に「全体目標」と「個々の児童生徒の目標（個人目標）」を明記する ②「評価の観点・方法」を明記する ③自閉症のある児童生徒の障害特性や認知特性を踏まえた支援や配慮にかかわる項目
自閉症のある児童生徒の障害特性や認知特性に留意した指導	
〈要点5〉動機付けを高める学習活動や教材を取り入れる **〈要点6〉児童生徒の主体的な発言や行動を大切にする** **〈要点7〉視覚的な手がかりの機能を考えて活用する** **〈要点8〉情報を整理して伝える**	
指導の振り返り	
〈要点9〉指導の振り返りの重要性	

自閉症のある児童生徒の実態把握では、課題とされる行動面に焦点が当てられやすい。自閉症のある児童生徒の困難さを改善したい（改善する必要がある）と考えるこ

とで、その部分に重点を置いた指導が展開されやすい。しかし、彼らの困難さにアプローチするだけでは、指導がうまくいかないことがある。指導の効果を高めるためには、児童生徒の学習への意欲や主体性は不可欠である。特に興味の対象が限定的である自閉症のある児童生徒においては、学習への動機付けを高めるために彼らの興味・関心や得意なことを把握することがより一層、重要になる。また、自閉症のある児童生徒にとって理解しにくい（落ち着かない）といった物理的な環境と教師の児童生徒に対する接し方の両側面から、彼らの行動の背景や理由を捉えることが大切である。

自立活動の指導目標の設定に際しては、自閉症のある児童生徒にどのように育ってほしいのか、どのような力をつけると彼らの成長につながるのか、教師が児童生徒の姿を想像しながら目標を具体化することが大切である。自閉症のある児童生徒は、学習の定着や般化が難しいため、単発的な指導や指導の意図が不明確な活動であると学びの定着に結び付きにくい。このため、長期的な目標を見据えて、そこに至るまでにどのような段階（短期目標）を経る（達成する）ことが必要かを明確に位置付けることが重要である。これについては、国立特別支援教育総合研究所（2018）が、知的障害特別支援学校での自立活動（の時間における指導）と作業学習での実践から、その意義と成果を明らかにしている。具体的には、自立活動の年間目標の達成を目指して段階的に指導目標を設定した事例では、教師において自立活動の指導の柱が明確になり、指導の見通しがもてるようになった。また、自立活動の時間における指導の限定的な目標から教育活動全体を通じて柱となる自立活動の指導目標を明確にし、それとの関連から作業学習の指導目標を見直した事例では、教師が柱となる自立活動の指導目標を意識した。その結果、教師が生徒の実態に立ち返って日々の授業や教師自身の生徒に対するかかわり方を見直し、指導内容や指導方法の改善につながった。これらの事例が示唆するように、長期目標の達成に向けて必要な指導目標（短期目標）を具体的かつ明確に位置付けることが、自閉症のある児童生徒への見通しのある系統的な自立活動の指導と授業改善につながると考えられる。

●引用・参考文献●

＜第１部第５章１＞

国立特別支援教育総合研究所（2016a）平成 26 ～ 27 年度専門研究Ｂ「特別支援学級に在籍する自閉症のある児童生徒の自立活動の指導に関する研究」研究成果報告書.

国立特別支援教育総合研究所（2016b）リーフレット「自閉症のある子どもの自立活動の授業を組み立てる上での要点」
http://www.nise.go.jp/cms/resources/content/385/20160826-113548.pdf

国立特別支援教育総合研究所（2018）平成 28 ～ 29 年度基幹研究（障害種別研究）「特別支援学校（知的障害）に在籍する自閉症のある幼児児童生徒の実態の把握と指導に関する研究－目標のつながりを重視した指導の検討－」研究成果報告書.

2　重複障害児を対象とした自立活動の指導

重複障害のある児童生徒への自立活動の指導を考えるためには、重複障害があることによる学習上、生活上の困難を理解する必要がある。そこで、最初に、重複障害者の定義と重複障害があることで生じる困難、重複障害の理解について述べる。

（1）重複障害のある児童生徒について

①　重複障害のある児童生徒とは

まず、ここで対象とする「重複障害のある児童生徒」について整理する。解説総則編には次のように示されている。

「重複障害者とは、当該学校に就学することとなった障害以外に他の障害を併せ有する児童生徒であり、視覚障害、聴覚障害、知的障害、肢体不自由及び病弱について、原則的には学校教育法施行令第 22 条の 3 において規定している程度の障害を複数併せ有する者を指している。しかし、教育課程を編成する上で、以下に示す規定を適用するに当たっては、指導上の必要性から、必ずしもこれに限定される必要はなく、言語障害、自閉症、情緒障害等を併せ有する場合も含めて考えてもよい。」

学校教育法第 22 条の 3 に規定されている障害の区分と程度は表 4 の通りである。

表 4　学校教育法施行令第 22 条の 3 において規定している障害の区分と障害の程度

区　分	障　害　の　程　度
視覚障害者	両眼の視力がおおむね 0.3 未満のもの又は視力以外の視機能障害が高度のもののうち、拡大鏡等の使用によつても通常の文字、図形等の視覚による認識が不可能又は著しく困難な程度のもの
聴覚障害者	両耳の聴力レベルがおおむね 60 デシベル以上のもののうち、補聴器等の使用によつても通常の話声を解することが不可能又は著しく困難な程度のもの
知的障害者	1. 知的発達の遅滞があり、他人との意思疎通が困難で日常生活を営むのに頻繁に援助を必要とする程度のもの 2. 知的発達の遅滞の程度が前号に掲げる程度に達しないもののうち、社会生活への適応が著しく困難なもの
肢体不自由者	1. 肢体不自由の状態が補装具の使用によつても歩行、筆記等日常生活における基本的な動作が不可能又は困難な程度のもの 2. 肢体不自由の状態が前号に掲げる程度に達しないもののうち、常時の医学的観察指導を必要とする程度のもの
病弱者	1. 慢性の呼吸器疾患、腎臓疾患及び神経疾患、悪性新生物その他の疾患の状態が継続して医療又は生活規制を必要とする程度のもの 2. 身体虚弱の状態が継続して生活規制を必要とする程度のもの

備考 1. 視力の測定は、万国式試視力表によるものとし、屈折異常があるものについては、矯正視力によつて測定する。
2. 聴力の測定は、日本工業規格によるオージオメータによる。

表４の障害の組合せの中では、知的障害と肢体不自由を併せ有する児童生徒（以下、「知的障害・肢体不自由」のように示す）が最も多い（文部科学省「特別支援教育資料」）。そのほか、肢体不自由・病弱など五つの障害の多様な組合せがある。これが法令上の原則である。

上記規定では、こうした原則に加えて、教育課程を編成する上では表４にある五つの障害区分に限定されず、言語障害、自閉症、情緒障害等を併せ有する場合も「重複障害」と考えてよい、と示されている。知的障害・言語障害、知的障害・自閉症、知的障害・情緒障害をはじめ、知的障害・聴覚障害・自閉症、視覚障害・知的障害・肢体不自由・情緒障害といった様々な重複障害を考慮して、学校の教育を計画し、実践していく必要がある。

「重複障害」という一つの用語で表される障害が、実に多様で複雑な様相を示すことを最初に理解しておく必要がある。

②　重複障害があることで生じる困難

重複障害があることで生じる困難として、以下の３点が考えられる。

１）併せ有する一つ一つの障害から生じる困難
２）一つ一つの障害が重複した場合に追加・増幅して生じる困難
３）重複障害の困難を理解していないために、周囲の人が不適切なかかわりをすることで生じる困難

第１の「併せ有する一つ一つの障害から生じる困難」とは、各障害を有することで生じる困難である。例えば、視覚障害があることで、視覚を通して外界からの情報を得ることが困難である。また、肢体不自由があることで、自分が思ったように体を動かしたり、移動したりすることが困難、などである。

第２の「一つ一つの障害が重複した場合に追加・増幅して生じる困難」とは、各障害が重複することで、単に一つ一つの障害から生じる困難が加算的に「追加」されるだけでなく、相乗的に「増幅」されることである。例えば、知的障害があることで短期記憶の弱さがある児童生徒が、記憶を補助するためにメモをとったり、記憶を助ける視覚的な手かがりを活用したりしているが、肢体不自由を併せ有することで筆記具を使用してメモをとることができなかったり、視覚障害を併せ有することで視覚的な手がかりを活用することが難しかったりして、短期記憶の弱さに加えて、外界からの情報を得ることも困難になる。単一障害の場合に用いられる支援方法の多くが、障害を受けていない他の機能に依存して行われているが、重複障害がある場合、それらの支援方法の選択肢が限られるため、困難さが増加・増幅する。

第３の「重複障害の困難を理解していないために、周囲の人が不適切なかかわりを

することで生じる困難」とは、特に重度・重複障害児と呼ばれ、生活すべてにおいて介助を必要とする状態にあり、しかも周囲には分かりにくい表現方法や手段しかもたない場合、その子供の潜在的能力は極めて低くみなされがちになる。また、周囲から「障害の重い子」、「重度の障害のある児童生徒」、「重症児」等の言葉でカテゴリー化したイメージで見られてしまうことによって、言葉によるイメージが先行して一人歩きし、同じように潜在的能力が低くみなされ、本来受けるべき教育が制限されてしまう困難である。この困難については、幼児児童生徒の自発性や、自立的な成長は、周囲がその幼児児童生徒にどのようにかかわるかによって大きく影響を受けることを理解する必要がある。

③　重複障害の理解

重複障害のある児童生徒は、「一人一人の障害の状態が極めて多様であり、発達の諸側面についても不均衡が大きい」(解説総則編)ことを理解する必要がある。「重複障害」という画一的な枠組みの中で児童生徒を捉えるのではなく、一人一人の児童生徒に対して、どのような障害を複数併せ有しているのか、障害の程度はどうなのか、どのような困難さがあるのか等を個別に考え、理解する必要がある。

(2) 重複障害のある児童生徒の自立活動の指導の考え方

①　一人一人の障害の状態の把握

前述したように、重複障害のある児童生徒は、障害の状態が極めて多様であり、発達の諸側面にも不均衡が大きいことから、まずは一人一人の障害の状態を把握する必要がある。

重複障害のある児童生徒の実態把握を行う際には、次のような情報を把握することが必要である。

1）医学的診断・所見と生育歴
2）評価の領域
健康面、感覚機能面、理解・認知面、姿勢・粗大運動面、探索・知覚 - 運動協応面、対人関係・コミュニケーション面、身辺自立面　等々
(国立特別支援教育総合研究所「特別支援教育の基礎・基本」より引用)

第１の「医学的診断・所見と生育歴」については、病名等の医学的診断や所見、及び生育歴についての情報を把握する必要がある。病名や治療の経過、どのように成長してきたのか等の情報等を把握することで、自立活動の指導を行う際の指導の手がかりを得ることができる。

第２の「評価の領域」については、呼吸や生活リズム、発作の状況等の健康面の領域、姿勢や粗大運動に関する領域、触覚や視覚、聴覚などの感覚に関する領域、手指の微

細運動等の知覚運動協応に関する領域、対人関係や情緒、コミュニケーションに関する領域等についての行動観察等を行い、実際の児童生徒の様子から、自立活動の指導に必要な情報を把握することが必要である。

②　指導目標や指導内容を設定するに当たって

自立活動の目標は、「個々の児童又は生徒が自立を目指し、障害による学習上又は生活上の困難を主体的に改善・克服するために必要な知識、技能、態度及び習慣を養い、もって心身の調和的発達の基盤を培う」である。ここで述べられている「自立」とは、「児童生徒がそれぞれの障害の状態や発達の段階等に応じて、主体的に自己の力を可能な限り発揮し、よりよく生きていこうとすること」である。それでは、生活すべてにおいて介助を必要とする状態にあり、しかも周囲には分かりにくい表現方法や手段しかもたない、いわゆる重度・重複障害児と呼ばれている子供の「自立」とはどういうことか。飯野（2005）は、「自立」について「種々の困難等を自己理解し、個人レベルで工夫や努力をしても解決できない時は、自分に必要な支援を自分で選択し、決定すること」と述べている。すなわち、重度・重複障害児と呼ばれている子供の「自立」を可能にするためには、子供にかかわる側も、子供の主体性を尊重し、子供が自己選択や自己決定ができる環境を整えていくことが大切である。

また、従来の指導では、「子供が現段階でもっている能力をいかに伸長していくか」ということに重点がおかれる指導がなされてきた。しかし、昨今は、ICF（国際生活機能分類）の考え方や、子供の将来を見据えたキャリア教育の考え方が普及している。「子供が今もてる力をどのように実際の生活の中で活用、応用し、社会に参加するのか」の視点や「子供の将来を見据えて、今、どのような力を身に付ける必要があるのか」の視点を取り入れた自立活動の指導を行うことが大切である。

さらに、これらの視点で自立活動の指導を行うためには、学校の中だけで完結するのではなく、学習指導要領にも規定されているとおり、「複数の種類の障害を併せ有する児童又は生徒（以下「重複障害者」という。）については、専門的な知識、技能を有する教師や特別支援学校間の協力の下に指導を行ったり、必要に応じて専門の医師やその他の専門家の指導・助言を求めたりするなどして、学習効果を一層高めるようにする」（学習指導要領第１章第５節１の（６））必要がある。

③　自立活動を主として指導を行う場合の留意点

学習指導要領には、「重複障害者のうち、障害の状態により特に必要がある場合には、各教科、道徳科、外国語活動若しくは特別活動の目標及び内容に関する事項の一部又は各教科、外国語活動若しくは総合的な学習の時間に替えて、自立活動を主として指導を行うことができるものとする。」（第１章第８節の４）とある。この規定は、重複障害のある児童生徒を指導する特別支援学校の教育課程でよく用いられ、重複障害のある児童生徒の指導に当たり、各教科等の指導に替えて自立活動を主とした指導を行う学校も多い。しかし、この規定を適用する場合には、解説総則編にもあるように、「障害が重複している、障害が重度であるという理由だけで、各教科の目標や内容を取り扱うことを全く検討しないまま、安易に自立活動を主とした指導を行うことのないよう」に留意しなければならない。

また、指導内容の設定に当たっては、「重複障害者のうち自立活動を主として指導を行うものについては、全人的な発達を促すために必要な基本的な指導内容を、個々の児童又は生徒の実態に応じて設定し、系統的な指導が展開できるようにする」（学習指導要領第７章第３の４）必要がある。

重複障害のある児童生徒の自立活動の指導においては、これらのことに留意して指導を展開していくことが大切である。

3　知的障害が軽度な場合の自立活動の指導

（1）軽度知的障害のある生徒の増加傾向

知的障害とは「一般に、認知や言語などにかかわる知的能力や、他人との意思の交換、日常生活や社会生活、安全、仕事、余暇利用などについての適応能力が同年齢の児童生徒に求められるまでには至っておらず、特別な支援や配慮が必要な状態」とされている。またその状態は、「環境的・社会的条件で変わり得る可能性がある。」とされている（国立特別支援教育総合研究所「特別支援教育の基礎・基本」）。知的障害のある児童生徒は、「知的機能の発達の遅れ」と「適応行動の困難性」の両方が同時に存在する状態にある。

近年、知的障害特別支援学校に在籍する幼児児童生徒数が増加している。全国の知的障害を対象とする特別支援学校に在籍する幼児児童生徒は、平成19（2007）年度は、幼稚部66人、小学部19,091人、中学部15,521人、高等部33,379人の計68,057人だったが、平成29（2017）年度は、幼稚部74人、小学部20,853人、中学部16,559人、高等部43,042人の計80,528人に増加している（文部科学省「特別支援教育資料」）。全ての部で増加しているが、特に高等部に在籍する生徒は、この10年間で約1万人も多くなっている。その中では、高等部単独の特別支援学校の新設が全国規模で見られることに現れているように、知的障害の状態が軽度な生徒の増加が顕著である。

ここでは、高等部段階における「軽度の療育手帳を保持する生徒、または手帳未取得者のうち知的障害が軽度と思われる生徒」、あるいは「知的障害の軽度な生徒のための教育課程を履修する生徒」（以下、「軽度知的障害のある生徒」という。）に関する自立活動の指導について述べることにする。

（2）軽度知的障害のある生徒の課題

国立特別支援教育総合研究所（2009）「特別支援学校（知的障害）高等部における軽度知的障害のある生徒に対する教育課程に関する研究―必要性の高い指導内容の検討―」の中で実施した「特別支援学校（知的障害）高等部軽度知的障害のある生徒に対する教育課程に関する実態調査」（回答443校、回収率70.3％、複数回答有）によれば、軽度知的障害のある生徒の生徒指導上の課題として、次のような課題が挙げられている。回答が多い順に、①不登校（178件）、②不健全な異性との交遊（153件）、③精神症状（130件）、④喫煙（83件）、⑤学校内外での暴力（74件）、⑥万引き等（70件）、⑦その他（73件）であった。⑦その他の回答の記述で多いのは、携帯電話のトラブルに関連する記述が多かった。同研究所は、この調査結果を踏まえ、軽度知的障害のある生徒の課題として、不登校や精神症状などの二次障害や不健全な異性との交遊、喫煙、暴力、万引きなどの行動上の課題を挙げている。こうした二次障害や行動上の課題の背景には、様々な要因が複雑に絡み合っていることが推測される。

また、同調査では、軽度知的障害のある生徒に特に必要と思われる指導内容についても調査し、①対人コミュニケーション能力（343件）、②社会生活のルール（303件）、③基本的な生活習慣（172件）、④職業能力の育成（160）、⑤性に関する指導（104件）が特に必要な指導内容であるとしている。これらのうち、上位二つの指導内容には、自立活動の指導が深く関連すると考えられる。学習指導要領に示されている自立活動の内容には、「コミュニケーション」があり、「人間関係の形成」の1項目として「集団への参加の基礎」がある。社会生活のルールの理解は、まさに「集団への参加の基礎」と言えるだろう。

前述した課題とこの指導内容を単純に結び付ける訳にはいかないが、複雑な要因が絡み合って生じている課題を分析すると、コミュニケーションや人間関係、認知といった面に課題があることが少なくないであろう。

さらに、井上（2018）は、全国の知的障害特別支援学校642校を対象に「行動障害に関する調査」を実施し、396校から回答を得ている。井上（2018）は調査結果から、「行動障害のために別室で1対1対応を要している児童生徒の実態から、知的障害の程度は、小学部・中学部・高等部と学部が上になるにしたがい、重度・最重度の割合が減少し、中度・軽度の割合が増えることが示された。」としている。また、「知的障害が中軽度であっても行動障害全体の重篤さは軽減するわけではないこと」や「学部が上がるにしたがって行動障害の中身がより触法的な内容の割合が増え、内容に変化がみられること」を述べている。

国立特別支援教育総合研究所（2009）や井上（2018）が実施した調査結果から、軽度知的障害のある生徒の課題として、不登校や不健全な異性との交遊、精神症状などの二次障害や触法的な行動が年齢とともに増えていくことが課題として示唆される。

（3）軽度知的障害のある生徒の自立活動の指導の必要性

以上の調査結果等を踏まえると、軽度知的障害のある生徒の問題行動の背景には、「知的機能の発達の遅れ」による「できなさ」や「わからなさ」が基にあることと、また、「適応行動の困難さ」による「不適応」や「失敗経験の積み重ね」などがあること、加えて、環境要因による二次障害などを引き起こしていることが考えられる。前述した、不登校や不健全な異性との交遊、精神症状などの二次障害や行動上の課題には、様々な要因が複雑に絡み合い、障害に基づく困難さが基盤にあることが示唆される。

いずれにしても、学習や生活面での困難さの原因や背景を分析し、指導すべき課題を明らかにすること、すなわち自立活動の指導を充実させることが、二次障害や行動上の問題を解決することにつながると言えよう。

しかしながら、国立特別支援教育総合研究所（2009）の調査による、軽度知的障害のある生徒が履修する教育課程における各教科等の年間総授業時間数を見ると、作業学習（231 時間）や日常生活の指導（164 時間）などの各教科等を合わせた指導に比べて、自立活動（25 時間）の時間が圧倒的に少ないことが分かる。井上（2018）も述べるように、「知的障害の状態が中軽度であっても行動障害全体の重篤さは軽減するわけではない」ことや「学部が上がるにしたがって、行動障害の中身がより触法的な内容の割合が増える」ことを考えると、軽度知的障害のある生徒においても、生徒一人一人に応じた自立活動の指導を行う必要がある。また、二次障害や触法的な問題行動を起こさせないためにも、早期から、障害による学習上又は生活上の困難を改善・克服するために必要な要素を検討し、必要な力を育成していくことが大切である。

軽度知的障害のある生徒は、「知的機能の発達の遅れ」があまり見られないため、生徒一人一人に応じた自立活動の指導に重きが置かれず、自立活動の時間における指導も丁寧になされていないという話をよく耳にする。しかし、国立特別支援教育総合研究所（2009）や井上（2018）などの調査からも分かるように、軽度知的障害のある生徒にとっても、自立活動の指導が不可欠である。特に、「適応行動の困難さ」について、生徒一人一人が、どのようなスキルを身に付けておくことが必要なのかを洗い出し、人間としての基本的な行動を遂行するために必要な要素を考慮しつつ、必要な力は何かを考え、生徒自らが障害による学習上又は生活上の困難を主体的に改善・克服しようとする取組を促すことが大切である。

（４）軽度知的障害のある生徒への自立活動の指導の留意点

これらのことを踏まえ、軽度知的障害のある生徒への自立活動の指導の留意点として、次の３点を挙げる。

①　指導すべき課題の明確化

自立活動で、何を、どのように指導するかを考えるときに、例えば、生徒の二次障害や行動上の課題の背景にある様々な要因等の原因や背景を分析し、指導すべき課題を明らかにすることが大切である。

②　目標、内容、評価への本人の参加

個々の生徒が自立を目指し、障害による学習上、生活上の困難を主体的に改善、克服するためには、自立活動の目標や内容を本人が意識し、その目標の達成に向けて本人が努力したり、その目標に対する評価に本人がかかわったり、本人が主体的に参加することが大切である。

③　指導する場の明確化と教師間の連携の重要性

教育活動全般を通して自立活動の指導を行うだけではなく、どこで、どの場面で指導を行うかを明らかにすることが必要である。そのためには、個別の指導計画に指導の目標や内容を位置付け、計画的、系統的な指導を行うことが大切である。また、実

際の指導を行う上では、教師間でその生徒の自立活動の指導の目標等を共有するなど、多くの教師が指導に関与し、また、教師間で連携して指導を進めていくことが大切である。

●引用・参考文献●

<第１部第５章２、３>
文部科学省（2018）特別支援学校教育要領・学習指導要領解説 総則編（幼稚部・小学部・中学部）
http://www.mext.go.jp/component/a_menu/education/micro_detail/__icsFiles/afieldfile/2018/05/23/1399950_2_1.pdf
文部科学省（2017）特別支援学校幼稚部教育要領小学部・中学部学習指導要領
http://www.mext.go.jp/component/a_menu/education/micro_detail/__icsFiles/afieldfile/2018/05/23/1399950_2_1.pdf
文部科学省（2018）特別支援学校教育要領・学習指導要領解説 自立活動編（幼稚部・小学部・中学部）
http://www.mext.go.jp/component/a_menu/education/micro_detail/__icsFiles/afieldfile/2018/05/23/1399950_5_1.pdf
国立特殊教育総合研究所（2009）平成 22 〜 23 年度専門研究Ｂ（重点推進研究）「特別支援学校（知的障害）高等部における軽度知的障害のある生徒に対する教育課程に関する研究ー必要性の高い指導内容の検討ー，研究成果報告書.
井上雅彦（2018）知的障害特別支援学校における不登校・行動障害に関する全国調査報告.

第２部　実践編

2

知的障害特別支援学校における自立活動の指導の展開

■第２部をお読みいただくに当たって

□　第２部の章の構成について

第２部の章の構成は、特別支援学校の学習指導要領等に示されている自立活動の内容の区分ごとになっている（学習指導要領等の自立活動の内容「1 健康の保持」、「2 心理な安定」…、本書第２部は「第１章　健康の保持」、「第２章　心理的な安定」…としている）。もとより、自立活動の指導は内容の区分ごとに行われるものでなく、内容に示された項目を適宜組み合わせて具体的な指導内容を設定して行うものである。したがって、例えば、「第１章　健康の保持」に配置された事例には、心理的な安定やコミュニケーションなど多様な内容が含まれていることを念頭において読み進んでほしい。

□　学習指導要領等の取扱いについて

第１部では、特に断らない限り、「学習指導要領」と表記したときには平成 29 年４月告示の新学習指導要領を指した。第２部の事例は、新習指導要領告示以前の実践であることから、「学習指導要領」の表記は平成 21 年告示の学習指導要領を指す。また、たびたび学習指導要領に示されている自立活動の内容が引用されているが、平成 21 年告示の学習指導要領からの引用であることに留意されたい。

□　事例執筆者の所属・氏名表記について

第２部の事例では、児童生徒の障害に係る個人情報を扱うことから、事例提供校等を特定できないよう配慮している。執筆者は、本書末に 50 音順の一覧で掲載している。

第１章　健康の保持　<事例①>

口腔機能の改善を目指し、流涎コントロール向上に向けた指導

流涎の止まらない児童に対し、自立活動の「健康の保持」の内容を中心として、口腔機能の改善を目指した指導を行った。五つの観点を踏まえた指導（①バンゲード法等、②口形模倣、③リップクリーム等の使用、④姿勢保持等、⑤言語指示）を保護者と連携しチームで進めた結果、４カ月の指導で流涎が止まった。児童は衛生面を含め、将来の自立に向けて大きく前進した。

１　対象者の実態把握

（1）対象者の実態

児童Ａは、知的障害と広汎性発達障害を併せ有する小学部５年生の女児である。発語はないが、要求を伝える際には手を合わせてお願いし、遊び道具が欲しいときには、好みの遊びカードを選択して意思を伝えることができる。

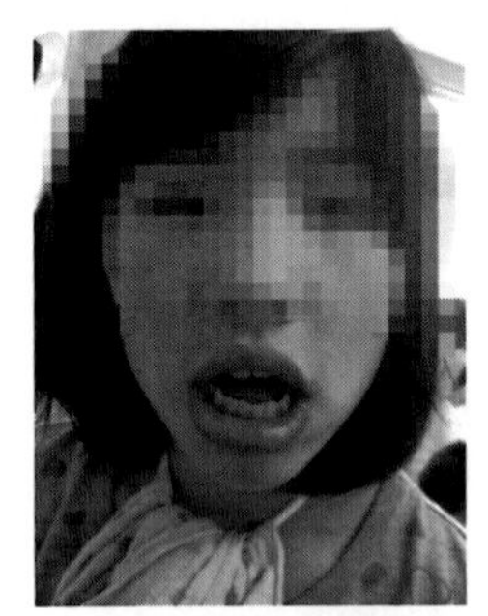

写真１　流涎用のタオルを下げる児童Ａ

児童Ａの課題学習時における巧緻性は高く、極小ビーズの紐通しや 50 ピース以上のパズルに取り組むなど、細かい作業ができる。一方、長時間の着席では、集中が途切れやすく椅子に座らず床に座ることが見られる。情緒面では、日常的にはおだやかに過ごしているが、気分がすぐれないときには、大声を上げて

表１　児童Ａのプロフィール（５年生：年度当初）

項目	内容
①学年・性別	小学部５年生（10 歳）・女子
②障害の状態	知的障害・広汎性発達障害
③発達の段階（※）	運動面３歳未満、操作・概念面２歳未満、食事・社会性１歳半未満、言語面 0.5 歳未満（※数値は個人情報のため、およその段階を記す）
④興味・関心	高い所に上ることや、ジャングルジムや滑り台などを好む。
⑤行動上の特性	足音を立てる、つま先立ちで歩くなど、足への刺激が見られる。靴下や靴を脱ぎたがる。椅子から降りて、床に座ることを好む。
⑥身体・生活面	着替えはほぼ自立。食事はスプーンと介助皿を使用。食事はスプーンにのる程度に刻む。排尿は時間排尿だが、未確立。
⑦学習面	文字の上下については理解している。線描きを練習中。50 ピース程度のパズル、絵のマッチングはできる。指先を使う課題（紐通し、型はめ等）は根気よく行う。
⑧社会面	手をつないで 30 分程度の歩行ができる。自分のしたいことは、手を合わせてお願いする。
⑨口腔機能	流涎評価基準（藤島 1995）によると、０～４段階において、最も重い「４．つねに流涎が止まらない」に相当。

激しく泣き続けることも見られる。さらに頭をこぶしで叩くこともある。朝から機嫌の悪いときには、廊下や床に座りこんだまま、動こうとしないことも見られる。行動面においては、児童Ａ自身の身体イメージが乏しく、指導者におぶさったり、急に走り出したり、高い所を好んで上ったりすることが見られ、危険を伴うこともある。

表２　児童Ａの口腔機能にかかわるアセスメント（１学期末）

①口唇閉鎖	口を閉じてゴクンと飲み込める。ストローの使用可。
②咀嚼	２～３回噛めるが、すぐに飲み込む。丸飲み、食べこぼしがある。ハサミで一口大に再調理が必要。
③舌運動	麺類を食べるのが苦手（すすれない）。
④口唇運動	水分の連続飲みができない（口の中に溜められない）。
⑤口腔衛生	歯磨きは介助磨きが必要。
⑥咬合	下顎前突（受け口）。常に口が開き、下唇が開いている。
⑦流涎	流涎が多く、首から下げたタオルを、学校で３回交換。流涎があることに気付いていない。

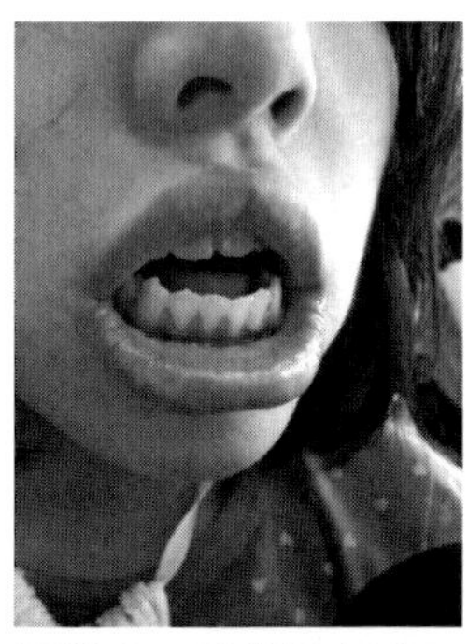

写真２　日常的な開口状態と下顎前突の様子

口腔機能面について、さらに詳しく調べた（表２）。流涎については、首から下げた涎用タオルを学校生活で３枚交換するほどであり、児童Ａの動きとともに涎が教室、廊下、机などにこぼれていた。嚥下機能については、口を閉じて飲み込めるが、食べこぼしが見られ、麺類はすすれない。日常的に、常に開口状態（写真２）であり、下唇も下に開いている。次に、図１の給食指導アセスメントシート（西井 2015）を使用し、給食時における実態を調査した。食事の食べこぼしや、よく噛まない点などが見られたが、４月からの指導により介助皿の持ち方や姿勢など改善された面も見られた。

No.
給食指導アセスメントシート

記入年月日	平成　〇〇　年　〇　月　〇　日(〇)　記入者(　〇〇 〇〇　)
ふりがな 児童名	Ａ　児　／　障がい名　知的障がい　広汎性発達障がい

A	項目	内　容	現在の状態　（〇を付ける）
食事に関する基本的な情報	食行動について	1．食事の自立度	1．自立　2．見守り　③ 一部介助　4．全介助
		2．食事の一口量	1．多い　② 普通　3．少ない
		3．水分の飲み方	1．スプーン　② ストロー　3．コップ
		4．食べる意欲	1．旺盛　② 普通　3．低い
		5．食事の咀嚼	1．よく噛む　2．普通　③ あまり噛まない
		6．食事のペース	1．速い　② 普通　3．遅い
		7．食事でむせる	1．しばしば　2．たまに　③ なし
		8．食事を食べこぼす	① しばしば　2．たまに　3．なし
		9．食事時間	1．10分以内　2．20分未満　③ 30分未満 4．1時間未満　5．1時間以上　6．その他（　）
		10．喫食率	1．完食　② 残食少ない　3．残食多い
		11．食形態	① 普通食　2．きざみ食　3．ミキサー食 4．ペースト　5．その他（　）
		12．食行動で特に記載が必要なこと ・年度当初は、担任が変わるなど、環境の変化に伴い、スムーズな食行動ができないことが予想される ・食べこぼしは、少しずつ減っている	

B	項目	内　容	現在の状態　（〇を付ける）
食事に関する技能面について	食器具の技能面等	1．スプーンの使い方	1．回内握り　2．回外握り　③ 鉛筆持ち　4．使えない
		2．箸の使い方	1．正しく使える　2．練習中（通常の箸）③ 使えない 4．練習用の箸を使用（エジソン箸など）
		3．お椀の持ち方	1．正しく持てる　② 練習中　3．持てない
		4．皿の持ち方	1．正しく持てる　② 練習中　3．持てない
	準備・片づけ等	5．配膳	1．自立　2．見守り　③ 一部介助　4．全介助
		6．下膳	1．自立　2．見守り　③ 一部介助　4．全介助
		7．エプロン等の準備	1．自立　2．見守り　3．一部介助　④ 全介助
		8．机を拭く	1．自立　2．見守り　③ 一部介助　4．全介助
	衛生面	9．手洗い・殺菌	1．自立　2．見守り　③ 一部介助　4．全介助
	礼儀面	10．給食前後挨拶	1．正しくできる　2．言葉でできる　③ 合掌はできる
	その他	11．技能面について特に記載が必要なこと ・介助皿を持って、食事をとることができるようになってきた	

図１　児童Ａの「給食指導アセスメントシート」（12月・表面のみ掲載）

（2）指導課題の整理

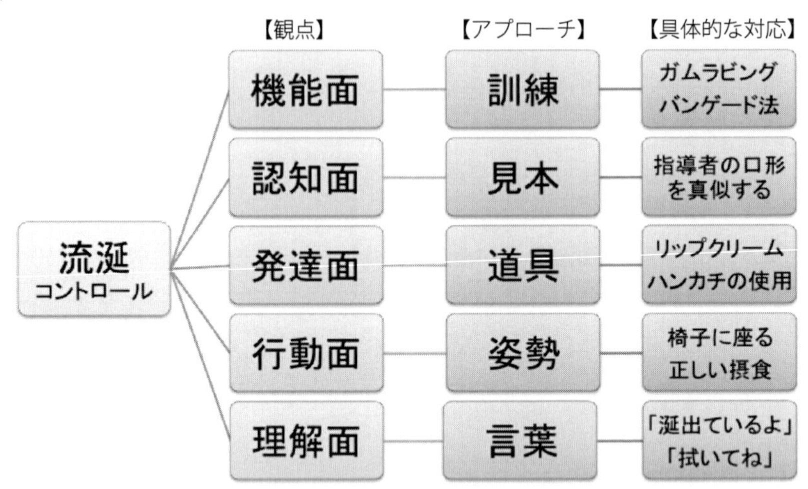

図2　流涎コントロールのための指導課題の整理

児童Aの実態を踏まえ、五つの観点より、流涎コントロールのためのアプローチと具体的な対応を考えた。機能面においては、口腔機能向上のための訓練として、ガムラビングやバンゲード法*を導入する。認知面においては、指導者の口形を真似することで、正しい唇の形を理解する。発達面においては、道具使用の観点から、リップクリームやハンカチを使用する。行動面においては、正しい姿勢をとることを目指し、床ではなく、椅子に座ることや、正しい摂食姿勢を身に付ける。理解面においては、口頭指示で「涎、出ているよ」「拭いてね」といった言葉掛けを取り入れる。このように、五つの観点をもとに指導課題を整理した。

2　個別の指導計画

（1）個別の指導計画の作成に当たって

整理した指導課題を踏まえて、自立活動の６区分と照らし合わせ、口腔機能改善と関連する項目を抽出した。流涎コントロールのための口腔機能改善であることより、長期目標における重点課題を「健康の保持」と設定した。指導については、主に学校教育全体において行うこととした。

（2）個別の指導計画

図３は、児童Aにおける口腔機能改善のための個別の指導計画（自立活動）である。長期目標（重点）である「流涎があることに気付き、止めたり拭いたりすることができる」を達成するため、整理した指導課題を参考に 12 月から３月にかけて取り組むべき短期目標及び指導内容と具体的な指導を記した。

個別の指導計画　　　　　　　　　　　　　　　　　　　　（実施時期：12月～３月）

口腔機能改善のための個別の指導計画（自立活動）					
長期目標（重点：健康の保持）					
流涎があることに気付き、止めたり拭いたりすることができる。					
自立活動の６区分					
健康の保持	心理的な安定	人間関係の形成	環境の把握	身体の動き	コミュニケーション
(1)生活のリズムや生活習慣の形成に関すること (4)健康状態の維持・改善に関すること	(3)障害による学習上又は生活上の困難を改善・克服する意欲に関すること	(1)他者とのかかわりの基礎に関すること	(1)保有する感覚の活用に関すること (4)感覚を総合的に活用した周囲の状況の把握に関すること	(1)姿勢と運動・動作の基本的技能に関すること (3)日常生活に必要な基本動作に関すること	(2)言語の受容と表出に関すること
口腔機能の改善に関連する項目					
・食事摂取の習慣形成（口腔機能・姿勢等） ・自己管理への意欲の喚起（涎への対処）	・改善・克服への意欲の向上（興味・関心の育成）	・身近な人との信頼関係の構築	・ボディイメージの意識づけ（姿勢等） ・目と手の協応（物を使う）	・姿勢保持・体幹への取組 ・食事動作や清潔への取組（摂食方法、歯磨き動作等）	・口唇・顎等発語機能の改善への取組

短期目標と指導内容（６区分に関連）			
指導教科・指導場面	短期目標	指導内容	具体的な指導
「日常生活の指導・休み時間・給食」等 椅子に座って行う活動時に行う。	・床に座らず椅子に座る。 ・正しい姿勢で食事をする。	・日常生活や給食時など、姿勢が崩れやすいときに正しく椅子に座るように指導する。	床ではなく椅子に座って過ごさせる。給食時に介助皿を持たせ摂食させる。
「給食」 給食後、教室で行う。	・口腔内及び口輪筋等のマッサージを受けることができる。	・ガムラビングによる口腔内の機能向上を図る。 ・バンゲード法による口輪筋等の機能向上を図る。	口腔内外をマッサージし、嚥下機能を高める。また、唇・頬・舌の可動域を改善する。
「学校教育全体」 休み時間や日常生活の時間を通して行う。	・指導者の口形を真似することができる。	・指導者の口形モデルを真似して、口を閉じる練習をする。	指導者が「このように口の形を真似して」とモデルを示し、模倣をさせる。
「学校教育全体」 主に休み時間などの、授業と授業の間に行う。	・リップクリームを塗ることができる。	・リップクリームを指導者に塗ってもらう。 ・リップクリームを自分で塗る。	香り付きのリップクリームを使用し、本児自身が塗れるように塗り方を指導する。
「学校教育全体」 全ての活動時間を通して行う。	・涎を拭くことができる。	・ハンカチで涎を拭かせる。	涎が出ていることを指摘し、自分のハンカチを使用させ、涎を拭かせる。

図３　児童Ａの口腔機能改善のための個別の指導計画

3　指導経過

学級担任としての指導は、自立活動教諭免許状（言語障害教育）所有者である筆者を中心に、知的障害教育のベテラン教師２名と、講師（看護師免許所持）１名の４名により行った。流涎への対応は筆者より提案し、指導についての検討は、クラス会などを踏まえた。児童Ａにとって、流涎により起こる衛生面や対人関係、また環境への影響など、将来的なデメリットを確認した上で、担任団で「健康の保持」を目指し、可能な限り流涎の克服と口腔機能の改善に取り組むことを共通認識した。

表３　学校教育全体を通した自立活動の指導経過

<table>
<tr><td rowspan="2">第1期指導</td><td>「姿勢の指導・摂食指導」（年間を通して）「口腔機能向上指導」（12月～３月）</td></tr>
<tr><td>流涎を予防するため、下向きの姿勢を正し、床ではなく椅子に座ることを意識させた。さらに、給食指導において、介助皿を持たせて摂食を行うよう指導した。また、口腔機能を高めるために、ガムラビングにより口の中の感覚を高めて、嚥下を促進させ、バンゲード法により、唇の周りの筋肉や舌の動きを活性化させる運動を行った。
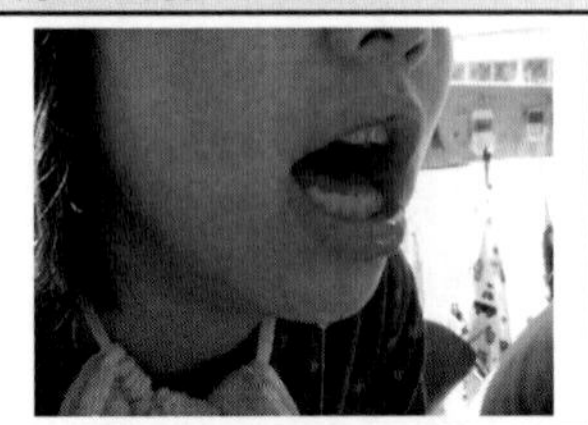
写真３　指導前（流涎の様子）</td></tr>
<tr><td rowspan="2">第2期指導</td><td>「指導者の口形を真似する」（１月～３月）</td></tr>
<tr><td>口を大きく開く、閉じる、すぼめる、尖らせるなど、様々な形を指導者が児童Ａの前で行い、児童Ａに模倣させた。指導者の口形を見て真似することで、口元に意識をもたせ、口唇閉鎖機能の向上を目指した。
繰り返し行うことで、写真４のように指導者の口形を見て、真似することができるようになった。
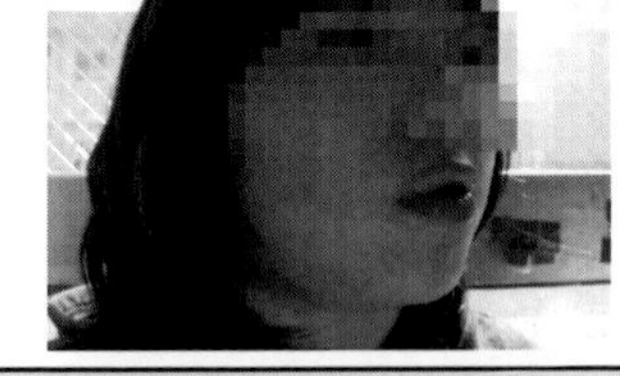
写真４　口形模倣する児童Ａ</td></tr>
<tr><td rowspan="2">第3期指導</td><td>「リップクリームを指導者が塗る」「首から下げた涎用タオルを外す」（２月～３月）</td></tr>
<tr><td>香り付きのリップクリーム（写真５は同等品）を指導者が塗り、唇に意識が向くようにした。香りが付いていることで、唇を舐めることを促進させた。
さらに、首から下げた涎用タオルを外した。そのことによって、涎が出ていること、涎が垂れないようにすることを意識させることができるようになった。
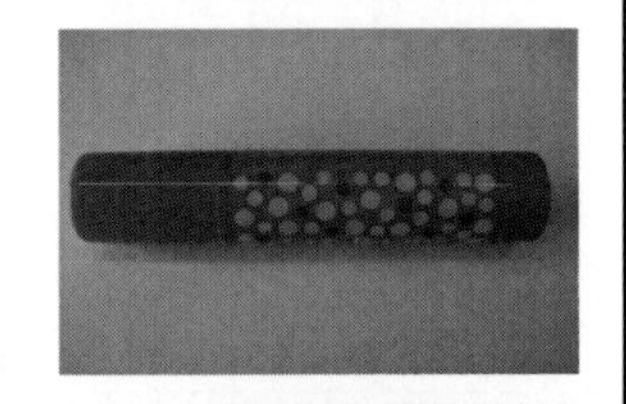
写真５　香り付きリップクリーム（同等品）</td></tr>
<tr><td rowspan="2">第4期指導</td><td>「リップクリームを自分で使用」「ハンカチを使用」（２月中旬～３月）</td></tr>
<tr><td>第３期指導において、リップクリームを塗ることに慣れた。次に、第４期指導において、自分で塗るように指導すると、写真６のように自分で塗ることができた。そこで、１日に数回塗るように指導した。香りが付いていることで、唇を舐めることもあり嚥下を促進させた。さらに、唇を涎で濡れた状態にしないために、涎が出たら自分のハンカチで拭かせ、言葉でも「涎、出ているよ」と伝え注意を促した。
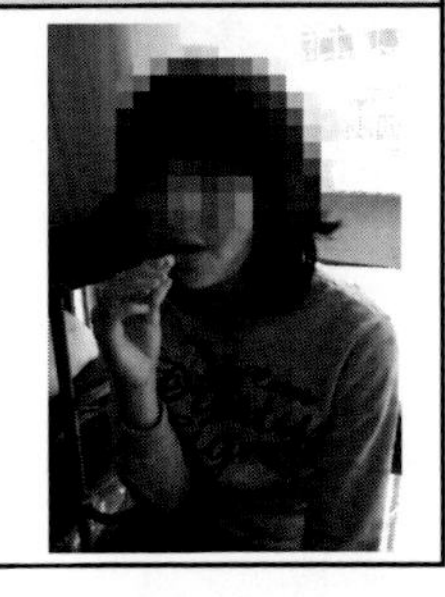
写真６　リップクリームを塗る児童Ａ</td></tr>
</table>

4　まとめ

（1）指導の結果と考察

写真７　自然に口を閉じて、自席で遊ぶ児童Ａ

児童Ａがもつ知的な面の課題とともに、無発語による口や舌の発達的な課題も踏まえた上で、実態と課題を分析して指導につなげた。はじめに、姿勢を正すことや摂食指導から取り組み、次に口腔機能向上のために唇や口の周りの緊張をほぐした。口形模倣もできるようになり、香り付きのリップクリームの使用や涎が出ていることを指摘することで、徐々に口元が閉まるようになった。さらに首から下げた涎用タオルを取り除くと、口元から垂れる涎に意識が向くようになり、流涎のコントロールが可能となった。４カ月の指導の結果、５年生まで決して止まらなかった流涎が止まり、涎をこぼさず学校生活を送ることができるようになった。そして、個別の指導計画（自立活動）における長期目標は達成された。

本指導において、児童Ａが主体的に努力し、担任団が流涎を止めることを諦めなかっただけでなく、連絡帳や懇談などを通じて保護者と連携し、児童Ａを中心としたチームとしての協力体制が確立できたことも成果につながった要因の一つといえる。結果として、「健康の保持」だけでなく、社会的な面や将来の展望も開けることになった。

一方、児童Ａの実態を踏まえると指導を継続していかなければ、また流涎が戻ることも懸念される。今後においても、継続した指導が重要であるといえる。

（2）まとめ

児童Ａの指導を通じて、学校教育全体の中で自立活動の指導を行うことの大切さを改めて認識した。流涎に対し何も指導しなければ、１日に１～1.5ℓ分泌されるといわれる唾液は涎となり、学校生活だけでなく学校卒業後の進路や生活に支障も生じるのではないかと想像できる。児童Ａは、この自立活動の指導により主体的に流涎を克服する態度や習慣を養い、自立と社会参加に向けて発達を促進させることができたといえよう。

＊ガムラビングとは、嚥下運動の誘発、口腔内の感覚機能を高めることを目的とし、口腔内を上下左右４分割し、人差し指の指腹を歯と歯肉の境に置き、中心から末梢に向かってマッサージする方法。バンゲード法とは、口唇、頬、舌の筋肉群の可動域を改善することを目的とし、上下口唇をつまんで水平方向に縮めて離す、各口唇を２～３等分にして硬くなっている口唇をつまむなどの方法（弘中 2014 より筆者が一部改変）。

●引用文献●

藤島一郎（1995）Q38 流涎（よだれ）が多くて困っています．口から食べる―嚥下障害 Q&A　中央法規，121-122.

西井孝明（2015）知的障害児のための給食指導アセスメントシートについて―知的障害特別支援学校用アセスメントシートの開発を通して―．第 53 回日本特殊教育学会発表論文集.

弘中祥司（2014）I-20 歯肉マッサージ（ガム・ラビング）、I -21 バンゲード法（筋刺激訓練法）　訓練法のまとめ．日本摂食嚥下リハビリテーション学会誌 18(1)：71-73.

第１章　健康の保持　＜事例②＞

自立活動の視点を意識した肥満の改善の指導

対象者は、高等部入学時から肥満傾向があり、高度肥満の状態を改善することを目標にした。週に１回の指導をもとに、家庭や学級と連携を図りながら10kg以上の減量につなげることができた。減量ということが中心課題ではあるが、身体面だけに目を向けず、心理面に対してもアプローチすることで調和的な発達が見られた事例である。

１　対象者の実態把握

（1）対象者の実態

生徒Ｂは高等部普通学級に在籍する２年生である。近隣の中学校特別支援学級から本校に入学してきた。身長178cm、体重103kg、肥満度58.6%* であるが、入学時もほとんど同じような体格だった。教師や友達に対して自分から話しかけることはほとんどなく、話しかけても言葉は少ない様子だった。学習活動や余暇の時間に対しても消極的で、運動面でのぎこちなさも見られていた。健康面では特に配慮することはなく、体調不良で欠席することはほとんどなかった。登下校は路線バスを使用。産業現場等における実習では、就労継続支援（Ｂ型）の福祉サービス事業で実習に取り組んでいる。

平成28年度より障害特性による不適応行動や肥満傾向、人間関係の形成におけるトラブルなど様々な教育的ニーズに対応するという理由から、本校では自立活動の６区分すべてを対象にした自立活動の個別指導が始まった。今回の対象者に対する指導は、この個別指導を中心としたかかわりをまとめたものになる。

（2）指導課題の整理

実態把握

障害の状態、発達や経験の程度、興味・関心、生活や学習環境などについて情報収集

収集した情報を自立活動の区分に即して整理

健康の保持	心理的な安定	人間関係の形成	環境の把握	身体の動き	コミュニケーション
体重が増加傾向で肥満度が高い。健康面のリスクが心配される。	成功体験が少なく、活動に対して消極的な様子が見られる。	周囲の人とのかかわりが少ない。自己肯定感が低い。	ボディイメージが乏しい。自己の身体への気付きが十分でない。	柔軟性が低く、関節の可動域が狭い。運動面のぎこちなさが見られる。	相手を意識したコミュニケーションを図ることが難しい。

いくつかの指導目標の中で優先する目標として

指導目標	運動に対して主体的に取り組む意欲を高め、身体面の課題を改善することで、減量につなげる。

指導目標を達成するために必要な項目の選定

選定された項目	健康の保持	心理的な安定	人間関係の形成	環境の把握	身体の動き	コミュニケーション
	病気の状態の管理と生活管理に関すること	障害による学習上又は生活上の困難を改善・克服する意欲に関すること	自己の理解と行動の調整に関すること	感覚を総合的に活用した周囲の状況の把握に関すること	姿勢と運動・動作の基本的技能に関すること	状況に応じたコミュニケーションに関すること

選定された項目を関連付け、具体的な指導内容を設定

具体的な指導内容	身近にある物を使った運動やダンスなどに取り組み、体を動かすことが楽しいと感じることができるようにする。	教師と一緒にストレッチをしたり、タオルを使ってストレッチをしたりして柔軟性を高めることができるようにする。	定期的な体重測定や会話を通して、自分の身体面や心理面の変化に気付くことができるようにする。

実態把握を行い指導課題と指導内容を整理した。具体的な指導内容については、減量が指導目標の中心であるため「体を動かすこと」「身体の動きの改善」「自分の体のことを知ること」に取り組むことが必要であると指導課題の整理がされた。

2　個別の指導計画

(1) 個別の指導計画の作成に当たって

①　指導目標、指導内容の設定の視点

学級担任が作成した個別の指導計画には五つの年間目標がたてられている。そのうちの一つに自分から進んで様々な運動に参加することができるという目標がある。設定の理由には、肥満傾向であり、自分から進んで運動を行おうとする意欲が少ないので、自立活動に取り組むなどして、運動量の確保をすると記載されている。また、自立活動の個別指導を行うにあたって、保護者と担任に望む生徒の姿などを「希望表」に記入してもらった。その願いの中に、「肥満傾向の改善に主体的に取り組んでほしい」ということが記載されていた。これらのニーズに応える形で保護者、担任、養護教諭と連携して取り組むことになった。

②　指導の形態

自立活動の個別指導の時間として、週に1回、13:50～14:10の時間を充てた。この時間帯は、通常、清掃や下校準備などの日常生活の指導の時間となっている。学級

から抽出する形態とした。また、週に１回の取組なので学校行事などで実施できないこともあった。少ない回数、短い時間の取組であるため、学級や家庭とも指導内容を共有し、できるだけ学校生活全体で意識して取り組むことで改善の効果を高めるようにした。

（２）個別の指導計画（年間目標等について）

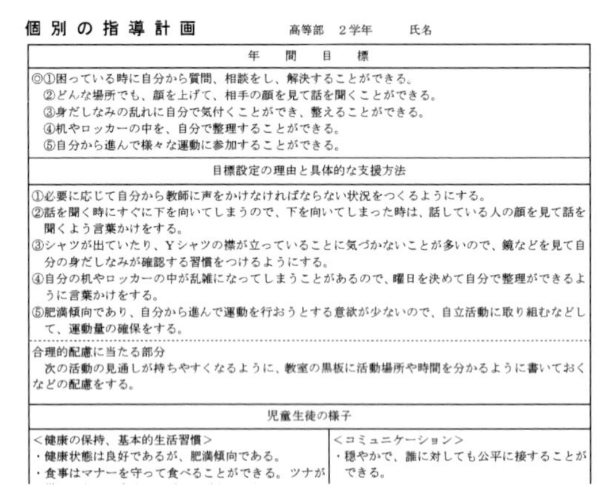

個 別 の 指 導 計 画　　高等部　２学年　　氏名

年　間　目　標
◎①困っている時に自分から質問、相談をし、解決することができる。 ②どんな場所でも、顔を上げて、相手の顔を見て話を聞くことができる。 ③身だしなみの乱れに自分で気付くことができ、整えることができる。 ④机やロッカーの中を、自分で整理することができる。 ⑤自分から進んで様々な運動に参加することができる。
目標設定の理由と具体的な支援方法
①必要に応じて自分から教師に声をかけなければならない状況をつくるようにする。 ②話を聞く時にすぐに下を向いてしまうので、下を向いてしまった時は、話している人の顔を見て話を聞くよう言葉かけをする。 ③シャツが出ていたり、Ｙシャツの襟が立っていることに気づかないことが多いので、鏡などを見て自分の身だしなみが確認する習慣をつけるようにする。 ④自分の机やロッカーの中が乱雑になってしまうことがあるので、曜日を決めて自分で整理ができるように言葉かけをする。 ⑤肥満傾向であり、自分から進んで運動を行おうとする意欲が少ないので、自立活動に取り組むなどして、運動量の確保をする。 合理的配慮に当たる部分 次の活動の見通しが持ちやすくなるように、教室の黒板に活動場所や時間を分かるように書いておくなどの配慮をする。
児童生徒の様子

＜健康の保持、基本的生活習慣＞	＜コミュニケーション＞
・健康状態は良好であるが、肥満傾向である。 ・食事はマナーを守って食べることができる。ツナが	・穏やかで、誰に対しても公平に接することができる。

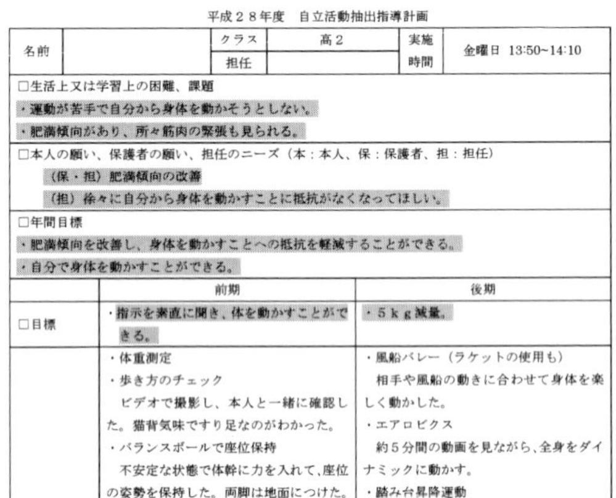

平成２８年度　自立活動抽出指導計画

名前		クラス	高２	実施時間	金曜日 13:50~14:10
		担任			

□生活上又は学習上の困難、課題
・運動が苦手で自分から身体を動かそうとしない。
・肥満傾向があり、所々筋肉の緊張も見られる。

□本人の願い、保護者の願い、担任のニーズ（本：本人、保：保護者、担：担任）
（保・担）肥満傾向の改善
（担）徐々に自分から身体を動かすことに抵抗がなくなってほしい。

□年間目標
・肥満傾向を改善し、身体を動かすことへの抵抗を軽減することができる。
・自分で身体を動かすことができる。

	前期	後期
□目標	・指示を素直に聞き、体を動かすことができる。	・５ｋｇ減量。
	・体重測定 ・歩き方のチェック ビデオで撮影し、本人と一緒に確認した。猫背気味ですり足なのがわかった。 ・バランスボールで座位保持 不安定な状態で体幹に力を入れて、座位の姿勢を保持した。両脚は地面につけた。	・風船バレー（ラケットの使用も） 相手や風船の動きに合わせて身体を楽しく動かした。 ・エアロビクス 約５分間の動画を見ながら、全身をダイナミックに動かす。 ・踏み台昇降運動

【個別の指導計画】
前年度に保護者からのニーズを確認し、引き継ぎ資料を作成する。翌年には新担任が個別の指導計画を作成して内容を保護者に確認して完成する。

【抽出指導計画兼希望票】
担任が４月に希望票として作成し、自立活動の担当者に依頼をする。目標や指導内容について協議・検討して開始する。担当者が指導内容を記載する。

3　指導経過

実態把握と課題設定をもとに本生徒の変化に合わせ、指導内容を変えながら取り組んだ。前期終了時（９月）に前期の評価を行い、後期の目標について担任と話し合いをした。後期の目標を設定して10月から後期の指導を行った。年間を通して取り組んだ指導内容について、次の五つのポイントで整理した。

（１）心理面へのアプローチ

- 自立活動（抽出して取り組む個別指導。以下、自立活動とする）の時間が楽しいと思えるように、否定的な言葉の使用を控えて、笑顔でかかわることを大切にした。
- 風船バレーやダンスをするときには、筆者も笑顔で一緒に取り組み、運動の楽しさを共有した。
- 日常的にコミュニケーションを図り、歩行の姿勢や体調の変化などに気付いて声を掛けるなどして友好な関係を築くことにした。

（２）運動指導

・からだづくり（ストレッチ的要素）

柔軟性や可動域など身体の実態を把握し、課題の改善に対して取り組んだ。柔軟性については、パートナーストレッチをして、下肢を中心にかたさが感じられる筋肉に触れ本生徒が意識できるようにした。可動域については、肩や股関節の動きが狭かったので、回旋運動を多く取り入れたり、タオルを用いたストレッチを指導して、家庭でも取り組めるようにしたりした。

・ダンス（エアロビクス的要素）

アニメやドラマで使われた曲を用いて、約５分の全身運動に取り組んだ。自立活動室の大きな鏡の前で行い、自分の動きを見られるようにした。はじめは筆者と２人だったが、徐々に同級生も一緒に踊ってくれるようになり、多いときには５人で楽しく踊った。踊り終わると、みんな笑顔でハイタッチして、楽しい感情を共有することができた。

・レクリエーション（２人で行うゲーム的な内容）

風船バレー、キックベースに取り組んだ。風船バレーでは、風船を床に落とさないように自立活動室を走り回り、床に落としてしまうと悔しがり、また、筆者が床に落とすと喜ぶ顔が印象的だった。学級でも昼休みに風船バレーをしている様子が見られることがあった。

・トレーニング（筋力トレーニング的要素）

主に腹筋を中心とした負荷の軽い自重トレーニングに取り組んだ。家庭や教室での過ごし方をイメージして日常的に取り組めるように考えた。

（３）体重測定

- 活動の最初に保健室に行って体重測定をした。体重の増減については興味を示すことは特になかった。年度末に減量した分の重さのペットボトルを用意して持たせたが、反応は特になかった。
- 担任との指導記録の連絡帳には、折れ線グラフで体重の増減を表示した。それをもとに本生徒と体重の変化について話題にし、自分の身体の現状を理解してもらった。

（４）担任との連携した支援

- 毎回の学習後に指導記録をファイルに綴じて手渡した。指導記録には担任記入欄があり、学級や家庭での様子などを知らせてもらった。
- ＨＲで体重の変化について話題にしてもらい、学級の中でも減量に取り組む意識付けをした。減量が進むと学級の友達も称賛するようになり、本生徒も嬉しそうな表情が見られるようになってきた。

（5）家庭との連携した支援

・自立活動の中で長期休業中に家庭でできる取組を指導した。その内容を写真で示したものと、取組を記入できるような日誌をしおりに綴じ込んだ。家庭で取り組んでほしい内容として、タオル体操や筋力トレーニング、ウォーキングなどを設定した。

・担任と保護者の年３回の面談のときや連絡帳を通して、体重のことを話題にしてもらった。そこで本生徒の家庭での様子を聞いたり、保護者の減量に対する意識を高めてもらったりした。減量を意識して食事の量や間食の内容を考えてもらったり、近所への買い物などには一緒に出掛けるような機会を増やしてもらったりすることができた。

指導内容の選定について工夫した点は、自立活動の時間だけではなく他の学校生活全体との関連性をもたせることだった。６月と 10 月には産業現場等における実習前で身体を動かす機会がなくなってしまうため、通勤時の歩行から運動の効果を高めることができるように姿勢づくりを意識した。また、10 月から 12 月までは保健体育で持久走に取り組んでいるため、自立活動では身体の痛みについて必ず確認するようにし、疲労を取り除いたり、リラックスしたりできるような内容とした。１月以降は運動に主体的に取り組む様子が見られてきたと感じたので、限られた時間内でたくさん身体を動かすことができるような内容とした。

4　まとめ

（1）指導の結果と考察

①　**1 年間の体重の比較**　　178㎝　103kg　　　　肥満度 58.6%

⇒　178㎝　88kg（－ 15kg）　肥満度 26.4%（－ 32.2）

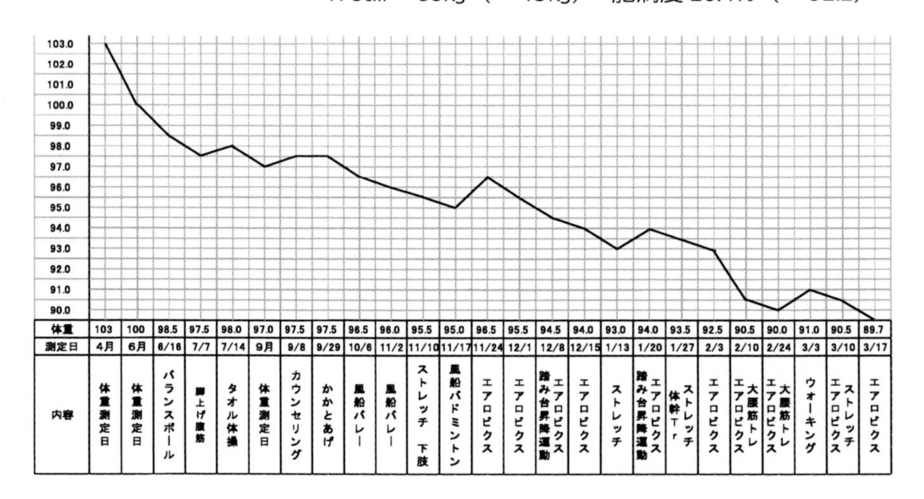

体重	103	100	98.5	97.5	98.0	97.0	97.5	97.5	96.5	96.0	95.5	95.0	96.5	95.5
測定日	4月	6月	6/16	7/7	7/14	9月	9/8	9/29	10/6	11/2	11/10	11/17	11/24	12/1
内容	体重測定日	体重測定日	バランスボール	脚上げ腹筋	タオル体操	体重測定日	カウンセリング	かかとあげ	風船バレー	風船バレー	ストレッチ　下肢	風船バドミントン	エアロビクス	エアロビクス

体重	94.5	94.0	93.0	94.0	93.5	92.5	90.5	90.0	91.0	90.5	89.7
測定日	12/8	12/15	1/13	1/20	1/27	2/3	2/10	2/24	3/3	3/10	3/17
内容	エアロビクス 踏み台昇降運動	エアロビクス	ストレッチ	エアロビクス 踏み台昇降運動	ストレッチ 体幹Tr	エアロビクス	大腰筋トレ エアロビクス	大腰筋トレ エアロビクス	ウォーキング	ストレッチ エアロビクス	エアロビクス

※実際に本人や保護者、担任に示したグラフ

②　心理面、行動面の変容

・担当者と一対一でやりとりする機会が増えたことで、質問に対する受け答えがはっきりし、相手の顔を見て会話をできるようになった。
・いろいろな内容に挑戦し、自己肯定感が高まったことで、積極的に活動に取り組む姿勢につながり、２月の高等部の集会で司会をすることができた。
・継続的なパートナーストレッチや自分で取り組んだタオルストレッチを通して、関節の可動域が広がったことで、腕の回旋の動きや膝の引き上げの動きが大きくなった。
・自立活動による運動を通して、運動に対する楽しさを実感できたようで、学校生活での自信につながり日常的に笑顔が増え、友達とかかわる様子が多く見られるようになった。

（２）まとめ

知的障害のある児童生徒は、障害特性などにより自己肯定感が低いと考えられることから、自立活動の指導では心理面へのアプローチが大切だと考えた。本生徒の場合、減量や運動指導という言葉からは、前向きに取り組む気持ちにはなりづらいと思われた。前向きに取り組むためには、まず一緒に取り組む教師のかかわり方が重要と考え、「この人の言っていることをやってみよう」という状況から、「やってみたら楽しい」「やってみたら変われた」という信頼関係に基づいた成功体験、実体験という実感につなげることが大切だと感じた。

次に、保護者、担任、養護教諭、その他の先生、友達など、担当者以外の本人を取り巻くたくさんの人が同じベクトルでかかわったことが活動への動機付けの一つとなり、本生徒の自己肯定感も高まったことで効果的な変容につながったと考える。

今回は学級から抽出して取り組む個別指導の事例だった。このような場合には学級担任との連携が大切になる。一人の生徒に対して複数の目で見ることで、より多角的に本人の抱えている困難さを捉えることができると考えた。自立活動の時間を設定する取組をベースとして、日常生活全体を通して課題を改善していけるような主体的な取組へとつなげていくことがとても重要だと感じている。自分の身体の変化に気付き、それを周りの人に伝え、自分で行動を調整して目標を達成していくことができるような意識を育てることが、主体的で対話的で深い学びにつながり、さらに生活上の困難を改善できる生活環境の調整につながる。それが知的障害のある生徒への自立活動の指導の充実になると考える。

＊肥満度は、「児童生徒等の健康診断マニュアル」（日本学校保健会）の身長別標準体重を求める係数と計算式を使用して算出。

「感覚遊び」による、気持ちの安定や多動性の改善を目指した指導 ～外部専門家との連携から～

多動性、衝動性が目立ち学習集団に入って活動に取り組むことが難しい児童の実態を踏まえ、安全で強い感覚刺激を入力する活動を設定し、気持ちの安定を図ることを目標にした。揺れる・回る・押す・持つなどの活動を継続して学習に取り入れたことで、気持ちが安定し学習へ向かう姿勢が整うようになり、着席行動が定着してきた事例である。

1　対象者の実態把握

（1）対象者の実態

児童Ｃは小学部１年生の男児。知的障害を有しており、自閉的傾向がある。

自立活動の６区分における入学当初の実態は、下表の通りである。

<自立活動の内容の区分における児童Ｃの実態（入学当初の様子）>

区分	実態
健康の保持	・偏食があるものの、生活リズムは安定し健康に過ごしている。
心理的な安定	・じっとしていることが難しく、次から次へと活動する。好きなことが目につくと衝動的にそれに向かって走り出す。 ・初めての活動は拒否や抵抗が強く、なかなか取り組めない。 ・経験から行動パターンを決めて過ごす。予定変更があると「えほん」など自分のやりたいことを何度も話したり、泣き叫んでパニックになったりする。
人間関係の形成	・身近な人には自分からかかわり、抱っこを求めたり単語で自分の要求を話したりする。 ・ほぼ一人遊びだが、友達と場を共有して遊ぶ。一方的に自分からかかわり、気を引く行動をすることもある。
環境の把握	・高所、トランポリン、ブランコなど揺れや回転のある全身を使った遊びを好む。絵本を、車のハンドルを回すように左右に振りながら素早くページをめくって楽しむ。
身体の動き	・体を動かすことが好きである。
コミュニケーション	・身近なものの名前をいくつか言うことができる。質問に対してオウム返しをすることが多い。 ・平仮名、数字がある程度読める。写真や絵カードを提示すると、活動場所や内容を大まかに理解できる。

（2）指導課題の整理

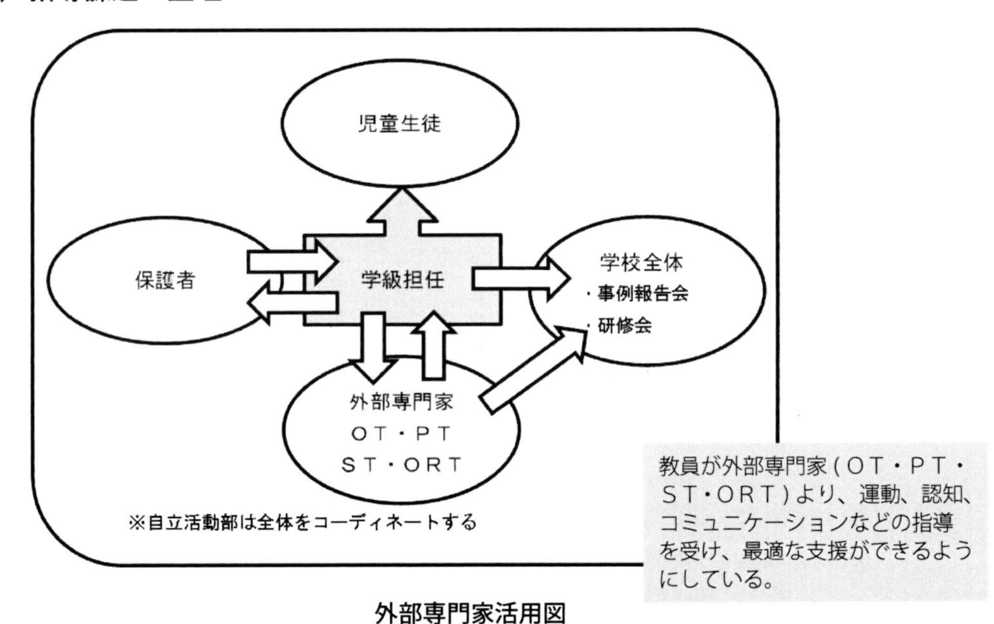

外部専門家活用図

以下に示す手順により、指導すべき課題を設定した。

＜担任間での話し合い＞　学習上・生活上困難さを感じている優先課題

・椅子に座り、持続して活動に取り組むことが難しい。
・予定変更に対応することが難しい。　　・初めての活動が苦手である。

関連する項目：２心理的な安定　(1) 情緒の安定
(2) 状況の把握、変化への対処

＜保護者との面談＞　保護者、本人の現在及び将来の生活についてのニーズ

・本　人…大好きな絵本をたくさん見たい。思い切り体を動かして遊びたい。
・保護者…自分の身の回りのことは自分でできるようになってほしい。
友達と仲良くいっぱい遊べるようになってほしい。
手をつながなくても外出できるようになりたい。

関連する項目：２心理的な安定　(1) 情緒の安定
３人間関係の形成 (2) 他者とのかかわりの基礎

＜外部専門家との連携＞　外部専門家のＯＴによる、医学的な視点・立場からの実態把握への助言・指導

・行動場面の観察から感覚刺激、特に運動覚、前庭覚の閾値が高いと解釈できる。そのため、強い刺激を求めて絶えず動き回ったり衝動的な行動をとったりしているのではないか。

関連する項目：２心理的な安定　(1) 情緒の安定
４環境の把握　(1) 保有する感覚の活用
(4) 感覚の総合的な活用

指導すべき課題：学習に関心をもつ。安定した気持ちで学習に取り組む。
他者とのやりとりを増やす。適切に体を動かす。

2　個別の指導計画

(1) 個別の指導計画の作成に当たって

前述の「指導すべき課題」から、指導目標を設定する。その際、「(a) どのような条件の下であれば、(b) できる」という視点で、本児の長所を生かした目標を設定し、支援を検討する。次に、その条件下で達成できる指導内容や指導場面を検討する。

(2) 個別の指導計画

① 指導目標

学習活動に関心をもち、その場から離れることなく、安定した気持ちで教師と一緒に活動に取り組む。

② (a) どのような条件（支援）であれば、(b) 目標を達成できるか。【(a) → (b)】

- 学習場面に好きな活動を取り入れると、関心が高まる。
- 慣れた人と、慣れた場所で、繰り返し活動すると安心して取り組む。
- 活動の順番や終わりが分かると、それに向かって取り組む。
- 安全で強い感覚刺激を入力する活動を設定すると、落ち着いて取り組む。

③ 考えられる指導内容

- 児童Cが好きな活動（絵本を読む、体を動かすなど）を設定する。
- 言葉や絵カード等で身近な教師とやりとりする。
- 順番を示した予定表など、目で見て分かる教材を提示する。
- 押す・持つ・回転する・揺れるなど感覚を入力する遊び（感覚遊びなど）を設定する。

④ 指導場面

児童Cについては、「自立活動の時間」を設定していない。教育活動全体を通して、各教科等と合わせて指導している。

<日常生活の指導> 朝の会（おたのしみコーナー、予定表でのやりとりなど）
<遊びの指導> 遊具遊び、乗り物遊び、段ボール遊び、感覚遊びなど
<国　語> 指示理解、言葉の意味の理解など「聞く」活動。意思表現など「話す」活動。文字の理解など「書く」活動。言葉でのやりとり。
<体　育> サーキット運動、マット運動、ボール運動、雪上運動など

3　指導経過

ここでは、「感覚遊び」を中心とした指導場面を取り上げる。

(1) 第Ⅰ期（4～8月）：実態把握、指導目標、内容の設定、実践

<課　題> 授業中に離席や立ち歩きが目立つ。活動に持続して取り組む時間は5分程度である。活動の途中で衝動的に別の活動に移る。

＜ねらい＞活動に関心をもつ。誘いに応じて取り組む。５～ 10 分着席する。

ＯＴからの助言①

○感覚刺激の閾値が高いため、強い刺激を求めて衝動的で危険な行動をとりやすいのではないか。

○感覚刺激の欲求を満たすために、安全で強い感覚刺激を代わりに入力する活動を設定してはどうか。

＜指導の実際と児童の変容＞

・座っているときに両肩を上から押し、圧迫刺激を入力すると、動きが落ち着く様子が見られるようになった。

・ブランコや滑り台、乗り物遊びなど、主に遊びの場面で回転や揺れ、スピードを感じる遊びを設定した。学習への関心が高まり、自分から活動に参加する姿が多くなった（写真１、２）。

・教師が抱っこしてぐるぐる回したり、くすぐったりとスキンシップ遊びを楽しんだ。本児が好きなフレーズを話し、言葉のやりとりをしながら遊ぶことで言葉への理解や表出も高まった。やりとりの幅が広がったことで、「○○したら○○しよう」との教師の誘い掛けに応じることが増えた。偏食が強く離席が目立った給食の場面でも、教師とのやりとりを楽しみながら座って食べるようになってきた。

・見通しがもてる活動には５～ 10 分程度着席して取り組めた。

写真１　キャスターボードで電車ごっこ

写真２　ボールスライダーで乗り物遊び

（２）第Ⅱ期（９～ 12 月）：「感覚遊び」の実践

＜課　題＞活動に持続して取り組む時間は、５～ 10 分程度である。大集団での活動や校外学習など初めての活動では、多動性や衝動性が見られる。

＜ねらい＞ 15 ～ 20 分程度着席して取り組む。初めての活動に安心して取り組む。

ＯＴからの助言②

○運動覚、触圧覚、前庭覚を総合的に入力する遊びを工夫してはどうか。

・具体的な「感覚遊び」を提示していただいた（写真３、４、５）。

写真３

<感覚遊び～マットの中で圧迫と回転の刺激>

重さと厚みのあるマットに児童が寝て、ぐるぐる巻きになって回転する遊び。

↓

笑い声、楽しそうな表情が見られた。「(もっと) はやく」と話し、さらに強い刺激を求めた。

<指導の実際と児童の変容>

・感覚遊び（マットでの圧迫、回転刺激）に毎朝継続して取り組んだ。上から押されたり、横向きで回転したりすると楽しそうに声をあげて笑い、「はやく」と遊びを催促する様子が見られた。「もういっかい」「３、２、１」など教師とのやりとりも増えた。

・朝の会や国語の時間など毎日同じように取り組む学習では、15分程度座って話を聞いたり、プリント学習に取り組んだりするようになった。

・学習に取り組む姿勢が整ってきたことで、提示されたものに関心をもつようになった。名前カードや予定表などの文字から情報を知り、周りの状況を理解できるようになったことでパニックや離席が減ってきた。

（３）第Ⅲ期（１月～）：新しい「感覚遊び」の実践、他の指導場面での活用

<課　題> マットでの感覚遊びへの関心が薄れてきて、誘っても活動に乗ってこないことが増えてきた。冬場で体を動かす機会が減り、落ち着きなく歩き回る場面が見られた。

<ねらい> 20分程度着席して取り組む。新しい動きや感覚遊びに取り組む。

ＯＴからの助言③

回転しながらボールを的に当てるなど、前庭刺激（揺れ、回転、加速度）を入力する活動に加え、目的的な活動や課題を取り入れてはどうか。また固有系（筋肉、関節）への感覚入力ができるよう、持ったり押したりする活動はどうか。

写真４

写真５

<指導の実際と児童の変容>

・回転や揺れに加えて何か目的を果たす活動を設定するのは、児童の気持ちが向かず難しかった。固有系への入力では、大玉や雪だるま用の大きな雪の塊を一人で何度も転がして遊び、重さを感じて「押す」動きに取り組めた。
・マットを運んだり、教室清掃で机を運んだりする場面を意図的に設定した。
・朝の会では姿勢が崩れるものの、20分程度座って参加できるようになった。

4　まとめ

(1) 指導の結果と考察

本校では、外部専門家としてＯＴが来校し、年間７回の「ＯＴ支援日」を設定している。本児の行動を、感覚刺激と関係づけて助言していただくことで、普段とは違う視点から児童を捉え、アプローチすることができた。また定期的に本児の様子を見ていただくことで、これまでの指導を見直し、改善を図りながら指導を進めることができた。

学習活動への取組を、「感覚刺激の入力」という面からアプローチし、改善を図った。朝の５分程度の短い時間ではあっても、体を動かし強い感覚を入力することで気持ちが落ち着き、学習へ向かう姿勢が整った。姿勢が整ったことで、周囲を見る、提示物に注目する、話を聞く、言葉で伝えるなど様々な力が伸び、その成長がさらに気持ちの安定へとつながった。

(2) まとめ

児童Ｃが「なぜこうした行動をとるのか」を、「どんな感覚刺激を必要としているのか」という視点から捉えることで、指導内容を見直すことができた。直接的に着席行動を促すだけではなく、感覚に働き掛けるアプローチも有効であると改めて感じた。

また、「教育活動全体を通した指導」では、個別に課題を設定することは難しいと感じていたが、感覚刺激の入力という点から考えると、揺れる・回る・押す・持つなどの動作を取り入れた学習活動はいろいろな場面で設定できる。意図的に設定する機会を多くし、より自立活動のねらいの達成に迫っていきたい。

第2章　心理的な安定　<事例②>

安心できる人・居場所づくりを目指した指導
～卒業までの3年間の歩み～

高等部、男子の事例である。広汎性発達障害、強迫性障害をもっており、暴力、暴言、不登校傾向などの行動がある生徒に対しての3年間の自立活動の指導を追った。その中で、担任が学んだこと、指導において有効であった言葉掛けや、生徒とのやりとりの際に配慮したこと等を11の項目にまとめた。

1　対象者の実態把握

（1）対象者の実態

生徒Dは、現在、高等部3年生の男子である。自立活動を通した生徒Dの高等部1年からの約3年間の成長を紹介する。

生徒Dは、広汎性発達障害、強迫性障害がある。IQ72（WISK-Ⅲ）、社会生活指数55。幼少期に障害の診断を受けている。中学部の途中から本校に入学した。過剰な手洗い、足洗い、チック等があり、身の回りのもの、自分のものに他人が触れることに対して敏感で、触られるとキレてしまう。相手から唾がかかると感じるため、人と向き合って会話をすることを嫌がる。視線が苦手で見られると睨みつけたり、暴言を吐いたりする。以前は気持ちを落ち着けるために服薬をしていたが、生徒Dの希望で現在は服薬をやめている。

ゲームや細かい作業が好きで、小さい頃は身の回りのものを分解して遊んでいたとのことである。テレビや母親から得る情報をよく覚えている。本校に入学前は、地元の小・中学校に通っており、小学校の頃からいじめをうけ、中学校は不登校であった。母親は、高等部卒業と同時に自立してほしいと願っている。

中学部の頃は、教室横の収納スペースや、教室の隅をカーテンで区切った半畳程の中で過ごしていた。数名の生徒や教師とは会話をすることができた。

高等部は新たな環境になり、生徒Dも保護者も不安を抱えてのスタートだったと思われる。

（2）指導課題の整理

まず、生徒の実態を整理し、それがどのように絡み合っているのかを考察した（図1）。ＫＪ法にて学級担任3名で行った。そして、図1をもとに指導すべき課題を導き出した（図２）。生徒の性格、生育歴、障害の特性等から、不安感が強く、自己防御しようとする行動が強いことや、安心できる人や場所が形成されていないこと等が様々な問題となる行動に影響していることが浮かび上がった。

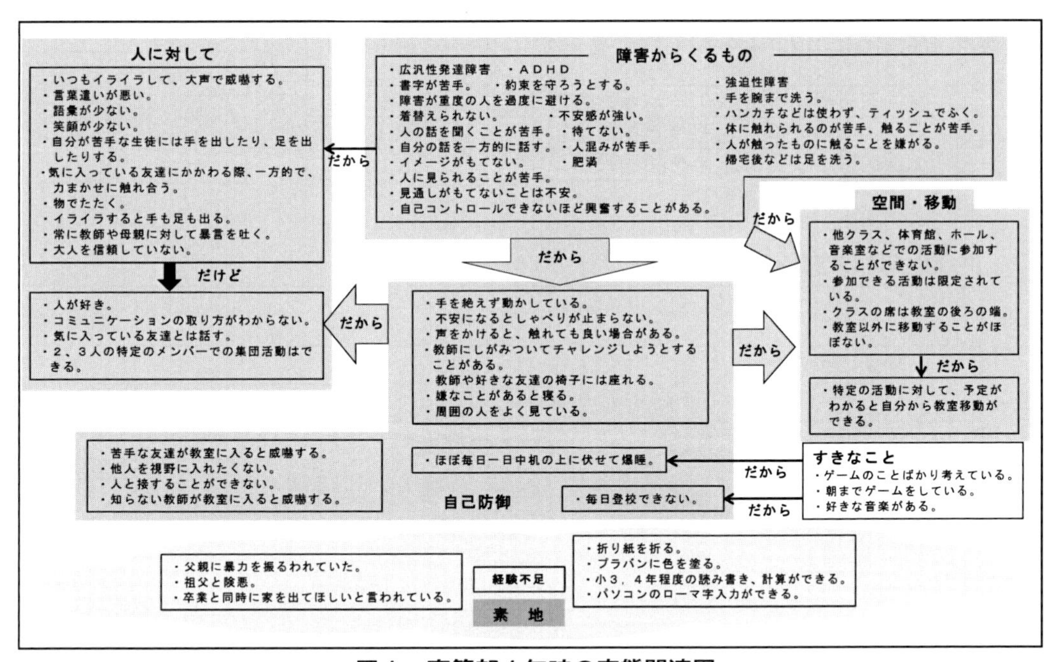

図１　高等部１年時の実態関連図

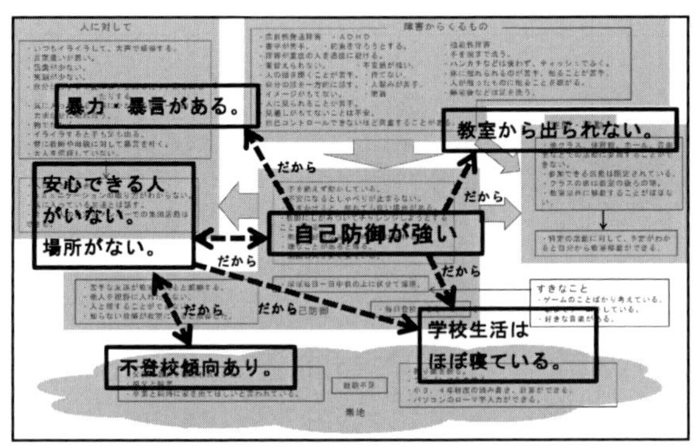

図２　高等部１年時の課題関連図

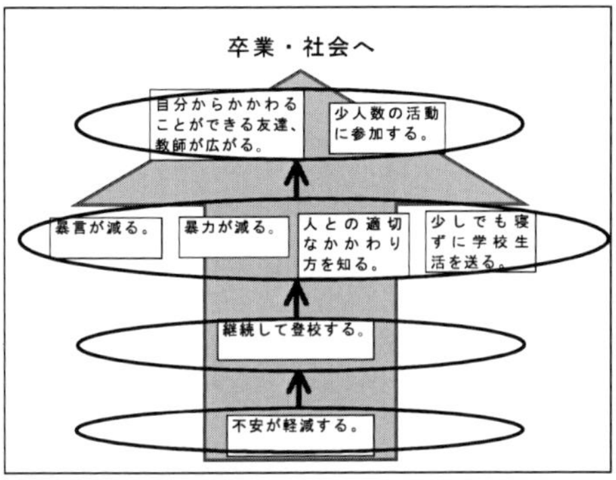

卒業・社会へ
自分からかかわることができる友達、教師が広がる。
少人数の活動に参加する。
暴言が減る。
暴力が減る。
人との適切なかかわり方を知る。
少しでも寝ずに学校生活を送る。
継続して登校する。
不安が軽減する。

図３　卒業に向かって指導すべき目標の順序

2　個別の指導計画

（1）個別の指導計画の作成に当たって

図２の指導すべき課題をもとに指導目標を立て、卒業して社会に出ることに向けて指導すべき目標の順序（優先順位）を考えた（図３）。

（2）個別の指導計画

図２、図３の指導すべき目標と順序をもとに自立活動の項目の選定を行い、具体的

指導内容や指導の形態、指導場所を決めた。

指導目標と自立活動の項目

指導目標
A　週３日安定して登校できるように支援する。
B　居場所を作り、安心して教室や学校にいることができるようにする。
C　暴力以外のコミュニケーションの方法を体感させる。
D　寝ずに学校で過ごせる時間を増やす。
E　体重の減少または維持を図る。

自立活動の項目
1 健康の保持 (1)(4)
2 心理的な安定 (1)(2)
3 人間関係の形成 (1)
4 環境の把握 (2)
6 コミュニケーション (1)

目標に対しての具体的な指導内容と指導形態・場面

指導目標	具体的指導内容	指導形態・場面
A	毎週、登校する日を生徒と一緒に相談して決める。	個　別
	夜寝ることができるように、家庭と連携する。	
B	良かった行動を振り返る。	個　別
	友達の良い行動や発言、気持ち等を、本生徒に伝える。	日常生活全般
	週の予定やその日の予定を一緒に確認する。	個　別
C	教師が間に入り、共通の話題で楽しめるようにする。	日常生活全般
	言葉で伝える方法を教師が生徒の気持ちを代弁することで指導する。	日常生活全般
D	その日のすべての授業の内容を事前に生徒と確認する。	個　別
	好きな活動、得意な活動、ちょっとがんばればできる活動をする。	個　別
E	身体を動かす、歩く時間を作る。	個　別

3　指導経過

(1)　1年生の頃

自立活動の個別の時間を一日のはじめに設定した。そこで日課（どこで、誰と、何をするのか、時間、活動量など）を伝え、参加する活動を自分で選ぶようにした。一日の流れに見通しがもて不安が薄まり、顔をあげている時間が少しずつ出てきた。登校日については生徒の実態から週３日と決め、週予定を教師と確認し登校日を生徒自身が決めるようにした。イライラすることが減り、家庭でのトラブルが減った。参加が難しいと思われる活動については代替案も提案し、安心して選択ができるようにした。パソコンで好きなゲームについて調べたり、折り紙や粘土、スライム作り、校内外の歩行など、できる活動を取り入れたりし、教師との関係づくりの時間とした。笑顔で教師と話す姿が増えると、周囲の生徒の見る目が変化してきた。本生徒の作った作品に対して声を掛けてくれたり、一緒に作ったりする時間も生じ、小集団で暴力なく過ごせる時間ができた。

教室以外の場所での活動に対しては、事前に活動の流れを伝え、場所を見たり、他の生徒から離れて過ごせるスペースを確認したりした。各授業の先生方にも席位置、生徒の発言の受け止め方、活動への参加の仕方等に協力していただき、生徒の精神面での安定を図った。それでも授業中寝ていることが多く、起きて参加できることはわずかであったが、意欲的に取り組める場面が増えた。

(2) 2年生の頃

2年では指導目標を以下のようにした。

○週3日登校できるように支援する。
○安心して活動できる居場所を作る。
○友達や教師との適切なコミュニケーション手段の獲得に向けて支援する。
○集団での授業や集会等に参加できるように支援する。
○体重の減少または維持を図る。

朝に自立活動の時間を引き続き取り入れた。朝教師と話ができることで、不安を解消することができ、家や学校での不満やいら立ちを吐き出し、心理的安定を図る大切な時間となった。四六時中ピリピリしていた雰囲気が少し穏やかになり、教室内を自由に動くようになった。以前は他の生徒が触れたものに触れることができずに、周囲を威嚇していたが、自然に触れられることが少しずつ見られるようになった。手洗いの回数もかなり減った。教師が間に入ることで周囲の生徒とのやりとりも増え、「痛い」と訴えると力加減をしたり、止めたりすることも見られるようになった。教師が生徒の気持ちを代弁すると、手を出すことが減った（例：外の大きな音が嫌で、近くにいる生徒を叩いたとき「向こうの大きな音、嫌だよね」など)。また、「殴っても笑顔だから痛くないはずだ」「この程度なら痛い方がおかしい」などと言っていたが、行動の振り返り等をすることで、相手の気持ちに気付いて変化する様子が見られた。

教室での集団授業や集会に関しては、事前に内容を伝え、安心してその場にいることができるように支援した。授業では寝ていることが少しずつ減り、発言したり、同じスペースで活動したりすることができた。

体重に関しては、継続して校内等を歩き、一定の運動量を確保した。

(3) 3年生の頃

3年では指導目標を以下のようにし、自立活動の指導に取り組んだ。

○過ごせる場所を広げる。
○友達や教師と適切なコミュニケーションをとれるように支援する。
○集団での授業や集会等に参加できるように支援する。
○体重の減少または維持を図る。
○卒業後に向けて不安を解消できるように支援する。

日、週の予定の確認などに引き続き取り組んだ。「早く予定を教えろ」と急かしたり、「今日は何をするんだ」「そのときどこにいればいいんだ」等、自分から聞いてくることが増えた。

また、話ができる友達ができ、笑顔で会話を楽しむことが増えた。友達に対しての乱暴な行動がかなり減った。

学校で寝ることがほぼなくなり、行動範囲が広がり、友達のクラスに出入りすることもできるようになった。学園祭の劇に向けて、自立活動で当日までの流れの確認や役の練習をし、不安を一つずつ解消した。当日は、初めて家族や親類が見に来てくれた中で舞台に出ることができ、家族にとっても感動の一日となった。

進路についても個別の時間で取り組んだ。以前は「なんでもいい」「卒業後は家にいる」等だったのが、進路先の仕事の話をしたり、卒業後に向けて不安に感じていることを少しずつ言葉に出したりすることができた。

嫌なこと、不安なこと、苦手なことなどを口に出して伝えられるようになったことで、生徒自身もより快適に過ごせるようになったことを実感できてきた。

4　まとめ

３年間の指導を通して、本生徒に対して有効であったと考える支援をまとめると、以下の 11 の支援が挙げられる。

①　行動の背景を考え、生徒と接するようにする

暴力や暴言をふるう背景には、どのような思いがあるのか、生育歴？ 何か嫌だった？何かに腹がたった？ 何かしたかった？等を考えるようにした。

②　あえて視覚的な支援を行う

聞いたことへの理解度は高くても、あえて文字や写真で示したりしながら、行事やその週、日の予定、流れなどを伝え掲示し安心感につなげた。

③　生徒の課題は一日一つ。内容と環境を生徒の実態に合わせる

いくつもの課題があると、登校すると課題をこなさなければならないと考え、欠席したり、寝て過ごしたりしてしまうことが考えられた。内容は、少しがんばればできるもの、興味があるもの等とした。難しい、苦手な課題のときには、楽しい活動の時間をつくり、それを励みに取り組めるようにした。環境（時間・場所・状況・道具・導入等）は、安心して取り組めるように念入りに配慮した。

④　生徒が達成感や成就感をもって帰宅できるようにする

達成感、成就感が喜びや意欲につながることはもちろん、集団での授業に参加できなかった罪悪感を払拭するためにも、「やった」「できた」と感じられる活動を取り入れ、次につながるようにした。

⑤　長期的課題（目先の課題でなく）を明確化し、無理をさせない

長期的課題のために今何が必要かを常に考えてプログラムを立てた。そうすることで生徒に無理な負担をかけずに課題に向かうことができた。

⑥　苦手なことに対する代替手段の提示。苦手なことに無理に取り組ませない

罪悪感なく、安心して過ごせる状況づくりのために、苦手なことに取り組ませないことは大切であった。安心できると、それまで苦手だったことにもチャレンジしてみようという気持ちが自ずと育ち、できることが広がった。

⑦　情報を整理して伝える

情報を伝えすぎると混乱したり、身構えたりするため、本人が知りたいことや聞いておくことで不安が軽減できる内容を整理して伝えた。

⑧　聞く姿勢を強要しない

視線を合わせることが苦手、聞く姿勢をつくることに照れがある、したいことをやめられない、向き合って話すことが苦手等、様々な要因に対して、聞く姿勢を強要しないことが、生徒の聞く気持ちを育てることにつながった。

⑨　生徒の発言を大切にする

暴言の中の気持ちを推し量り、受け止めるようにした。信頼関係ができてからは、「○○が苦手だってことだね」「○○がしたかったね」等、別の言葉に変えることで、どう言えば伝わるのかを生徒が知り、暴言が徐々に意味の伝わる言葉に変わってきた。

⑩　教師がしつこくしない。繰り返さない

さらっと伝える。伝わっていなくてもよしとした。「分かった？」「聞いてた？」など確認はしないようにした。書いて掲示し、後で確認できるようにした。

⑪　集団で活動するものに対しては、事前に体験させたり、見せたりする

失敗したり、自分だけ知らないと感じたりすることを避けるために、事前に見せたり、完成図を伝えたりし、安心して取り組むことができるようにした。

以上の 11 項目に特段の配慮をしてこの３年間指導に当たった。現在は、会うのが楽しみな友達ができ、教師や友達と笑顔で会話をし、学校で寝ることが全くなく、授業に参加することが増えた。1 年時には想像すらできなかった姿である。生徒の根本に「人とつながりたい」「誰かと思いを共有したい」という想いがあったからこそ、ここまで成長したのだと思う。毎日家庭や学校で笑顔で過ごせていることが本当に嬉しい。

本人の課題にしっかり向き合える自立活動の時間は、教師にとっても生徒にとっても有効であった。また目標に向かって学年や学部の教師が協力してくれたことで、より効果的に指導に向かうことができた。

今後も継続して生徒を見守るとともに、卒業後に生徒を支援するチームに実態や指導内容等を引き継ぎ、支援の継続を図っていきたい。

第３章　人間関係の形成　<事例①>

人の気持ちや周囲の状況を理解し、自分の意思や気持ちを表現できる力を育てる指導

表情や仕草の変化が些細な児童の指導すべき課題を、日々のかかわりや、これまでの育ちを振り返り、保護者と話し合いながら明らかにした。学校生活全般で配慮することと個別の指導を整合させながら、児童の経験と照らし合わせ、人の気持ちや周囲の状況を理解する学習を進めた。安心して気持ちを伝え、やりたいことができるようになった事例である。

1　対象者の実態把握

（１）対象者の実態

児童Ｅは、小学部５年生の男児で、知的障害を伴う自閉症である。

写真１　幼稚部の教師や友達と遊ぶ幼稚部の頃の児童Ｅ（中央）

本校の幼稚部から小学部に進学した。幼稚部入学時は、顔の表情の変化が少なく、言葉もあまり発しなかったが、徐々に幼稚園生活に慣れてくると、教師や友達と笑顔で遊んだり、大きな声で話をしたりするようになっていった。小学部低学年の頃は、新しい友達や教師と元気に遊んだり、好きな工作をしたり、平仮名を覚えて絵日記をかいたりして楽しんでいた。遠足や校外学習など出掛けることを楽しみにしており、休日には両親と校外学習と同じように電車やバスで出掛け、外食や買い物をしたり、動物園などの施設を見学したりした。両親を子供役にし、自分は先生役になり、校外学習ごっこをして楽しんでいた。また、学校での出来事や友達の様子をよく両親に話していた。

しかし、筆者が担任になった５年生のはじめには、大好きな祖父母の家以外、外出をしなくなっていた。スーパーマーケットなどの知らない人がたくさんいる所に行くことを嫌がるようになり、楽しめていた外食や買い物もできなくなった。また、学校のことを家庭で話さなくなり、怒りっぽくなったので、母親が少しずつ話を聞き出しながら、怒りの原因を推察していた。家での様子も教師に話してほしくないと母親に伝え、定期の家庭訪問も実施できなかった。新学期、学校では、顔の表情の変化がほとんどなく、笑わなくなっていた。教師の言葉掛けに緊張した顔で、ぽつぽつと小さな声で答えた。教師の指示はよく聞くが、学級の友達と一緒にいるものの楽しそうで

はなく、始業式はみんなの流れについて行き、参加していた。

（２）指導課題の整理

本人が詳しく話せなかったので、母親からこれまでの様子を聞き取った。

・学校のことを話さないので、怒っていても理由がはっきりと分からない。教師に尋ねても、学校では怒っておらず、明確な理由が分からない。

・授業参観で、好きでもない絵本を読んでいたので「好きじゃないでしょう？」と母親が声をかけると「しー、あっち行って」と言い、近付かせないようにした。

・家では、よく、明日教師に質問されたら何と言って答えたらよいかと尋ねていた。

また、個別の指導計画や引き継ぎの資料には、できるようになったことや頑張ったことが多く書かれていた。

そこで、指導課題の整理の視点を四つ考え、併せて段階も考えた。

①何か困って緊張している様子である。すぐに取り組むべきことは何かを考える。

②なぜ、できていたことができなくなったか、その背景を探る。

③現在の興味・関心を知り、それを用いて意欲的に取り組める学習活動を考える。

④成長する自分に誇りをもち、先のことを楽しめる力を育てる。

図１は、指導すべき課題を整理した手順である。視点を図中の数字で表す。

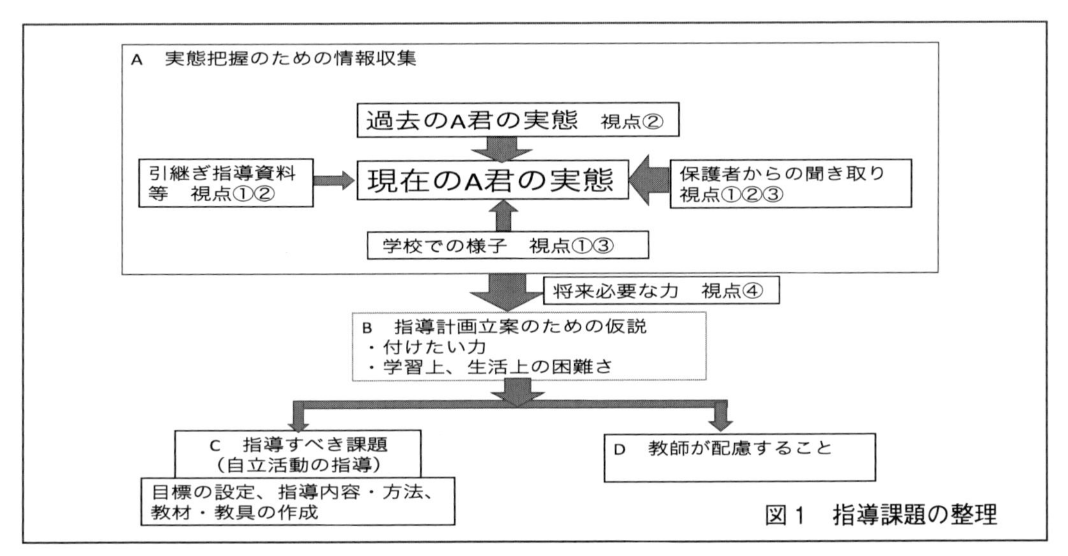

図１　指導課題の整理

児童Ｅの気持ちを知った上で指導計画を設定しようと考えたが、まずは教師と話せる関係になってから、いろいろと尋ねようと思っていた。しかし、新学期が始まって１週間後、家庭で母親が尋ねてもいないのに、これまでの学校生活のことを振り返り、あふれ出すようにしゃべり、その中で笑わなくなった理由を話した。

「幼稚部や１、２年生の頃は、頭の中で楽しいと思うことと、楽しいことが結び付いて笑ったんだ。３年生のときは、楽しいことがなくなって笑わなくなった。でも、Ｔボール（体育の活動の一つ）は楽しかった。だけど､ちゃんと（バットを）こう持ってとか、こう振るんだとか言われて楽しくなくなった（以後、参加したがらなくなったが、学校では参加していた）。４年生のときは、頭の中がぐちゃぐちゃになって笑わなくなった。」このほか、本人の話を聴き取った母親の話と学校の様子から、以下の仮説を立てた（図１－Ｂ）。

- 本人が「ちゃんとやった」と思っても、後で指導され、そのうち、大人の優しい言葉掛けさえも受け止められなくなっていったのではないか。
- 理不尽さが分かるようになったが、怒りの感情を誰にどんな言葉で伝えたらよいか分からず、結果、安心できる家庭で怒っていたのではないか。
- 人から見られることを意識するようになったことから、人がたくさんいる場所では、いつ誰に話し掛けられるかと緊張し、そのような場に行けなくなっているのではないか。
- 学年が上がり、様々な学習活動が増え、嫌なこともあったが、それを伝えられず我慢し、できることが増えたものの、意欲的な参加ではなかったのではないか。
- 見たり聞いたりしたことを理解する力が強い一方で、言葉や文字で説明する力は弱いことが、自分の意思や感情を伝えられない原因の一つではないか。
- 興味のあることについては、PC で調べるなどしてよく知っているが、知らないことも多くあり、そのため周囲で起こることを理解できていないのではないか。

これらの仮説をもとに、「成長に伴い心身が変化したり、生活環境が変わっていったりしても、自分の意思や気持ちを表現できる力」を付けたいと考えた。

そして、その力を付けるために､「指導すべき課題」と「教師が指導上配慮すること」に分けて考え、「指導すべき課題」を以下のように導き出した（図１－Ｃ）。

人に見られることを意識するようになったが、誰がどんな思いで児童Ｅを見たり、見なかったりしているか理解できていないことからくる不安や緊張に対して、→①人の気持ちについて理解すること

活動の楽しさや面白さをもっと感じたり、「もっとやりたい」「やりたくない」と伝えたりできるために、→②活動や状況を理解し、自分の意思を伝えること

これら二つの指導すべき課題をもとに、個別の指導計画を作成し、学習を開始した。

2　個別の指導計画

（1）個別の指導計画の作成に当たって

目標や指導内容は､指導すべき課題を児童Ｅの現在の実態に合わせて設定した。また、指導は学級担任の３人の教師が児童Ｅの変容を日々共通理解しながら、学校教育活動全体で取り組むこととした。その上で、自立活動の指導の時間に、教師と一対一で学習することにした。本人の気持ちを理解し、また、本人の知識理解の程度を把握しながら、指導内容を検討していくことが重要であると考えた。そのために、教師が児童

Ｅや友達と一緒に活動することを通して、児童がどう感じたか、活動や状況をどう理解しているかを把握し、それを指導内容につなげることにした。

（２）個別の指導計画

長期目標を、「自分の身の回りの人の気持ちや一般的な人の考え方を知り、自分から行動を起こしたり、活動を楽しんだりすることができる。」とした。

以下の５点が、教師が指導上配慮することである（図１－Ｄ）。

①安心して教師とのやりとりができるように、児童Ｅが取り組んだことを認める。
②学校生活の中で、児童Ｅが楽しいと思う活動を教師や友達とで共有する。
③児童Ｅの興味・関心を生かし、教材・教具を作成する。緊張せずに、ゆっくり思考し判断できるように学習環境を整えたり、児童Ｅとかかわったりする。
④児童Ｅの表情が変わらなくても、教師の言葉掛けを聞いて理解していることや、教師が他の子供たちに掛けている言葉も聞いていることを心に留め、どの子供にも理不尽さを感じさせないようにする。
⑤保護者と児童Ｅの成長をともに喜ぶことができる関係をつくる。

例えば、朝の会や帰りの会、給食の準備や片付けなど、どの児童にも何かの役割をもたせ、みんなの役に立っているという気持ちや責任感を育てていくようにした。その際、「今日はやりたくない」「僕も児童Ｅの係がやりたい」などといった子供の意思を教師は受け止め、その上で、どうするかを一緒に考え決めるようにした。

また、自立活動の時間においては、人の気持ちや状況について児童Ｅが理解でき、興味をもてるような題材を考え、文章を作成し準備した。分かりやすいように写真や絵を加えてプリントした物を使用したり、絵や文字をかいて説明したりするようにした。教材作成において、工夫した点は以下のとおりである。

・生活の状況や学校や家庭での経験を細かく把握し題材を決める。
・児童Ｅが理解できる言葉を使い、理解できる文の長さにする。
・楽しく読めるようにリズミカルな文章にする。
・児童Ｅが読んだときに、こうしなければならないと感じさせない内容にする。

３　指導の経過

（１）「ひとのきもちのおべんきょう」（全11時間）

私たちは、日常生活の中で、人に対して感謝の気持ちを伝えることはあっても、好意を表現することは少ないように思う。まずは、家族や先生、友達は児童Ｅのことを大切に思っているということをしっかり伝えることが大切であると考え、身近な人の気持ちを理解することから始めた。５月のある日、小学部の校外学習でオーケストラのコンサートに出掛け、急遽、児童Ｅがテレビのインタビューを受けることになった。帰宅後、お弁当を食べている途中にインタビューを受けたことが嫌だったと母親に伝えた。そこで、嫌な思いをした後になってしまったが、働く人の気持ちについて学習した。児童Eは自分が人の役に立ったと理解していた（図２）。

図２　働く人の気持ち

少し外出ができるようになったころ、同じアパートの赤ちゃんが泣いていると、家の外に出られないことを母親から聞いた。学校でも、近く遠足で電車やバスに長い時間乗る予定を立てていたことから、赤ちゃんに出会う機会があるのではないかと推測した。児童Eは嫌でもその場にいて、気持ちを伝えず、表情も変えない。また、赤ちゃんの泣き声を自分が嫌いであることを教師が知っていると気にしてしまう。そこで、赤ちゃんが泣くのはなぜか、一般的な知識を伝えることにした（図３）。遠足当日、電車の中で赤ちゃんが泣いていた。児童Eは「大丈夫だった。」と言い、母親からも泣き声が気にならず遠足を楽しめたと聞き、安心した。

ひとのきもちのおべんきょう⑦
あかちゃん

あかちゃん　は　どうして　なくのかな。
しゃべれないから　なくよね。
「おなかがすいたよ」・・・おぎゃー
「くるしい、いたいよ」・・・おぎゃー
「うんちがでた　きもちわるいよ。おむつとりかえて」
・・・おぎゃー
「ママ、あそぼう。こっちきて」・・・おぎゃー
「ねむたいよ。」・・・おぎゃー

図３　赤ちゃん

（２）状況の理解（全７時間）

自立活動の時間に、プリント教材を提示すると、児童Eは、少しだけ身を乗り出して学習するようになってきた。11月に授業参観の予定があった。父親のことは大好きではあるが、学校での自分を見てほしくないらしく来るのを嫌がった。これからの学校生活でも、授業参観やいろいろな人の見学がある。そこで、授業参観の意味について学習し、父親の参観を受け入れた。また、台風シーズンには、休校を予測して、休校の意味について学習した。嫌な思いをした後に人の気持ちや状況を理解する内容から、嫌な思いはするかもしれないが、状況の意味を理解し心構えをするための内容に変わってきた。

写真２　学習の様子

（３）先のことを楽しむ学習（全５時間）

２学期の終わりのころには、児童Eの好きなことを題材に学習ができるようになった。児童Eが大人に成長することにあこがれていたので、「冬のボーナス」を題材にした。ボーナスをもらい、人々は楽しい気持ちで年末年始の買い物などをする。冬の町に大勢の人が集まる理由を学習した。また、地下はどうなっているのかと興味をもち始めていたことや、学校の裏山や片道１時間程の距離にある公園まで山道を歩いた経験から、「地球をあるこう」という教材を作成した（図４）。５年生全員で近く

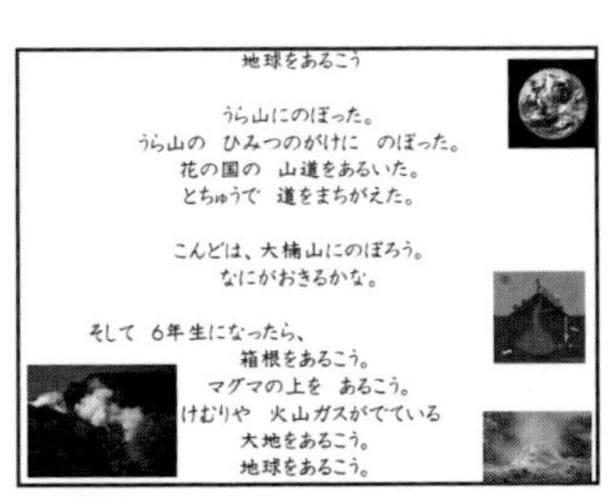

図４　地球をあるこう

の山に登り、次年度には修学旅行で箱根を歩くことに意欲的に取り組んでほしいと考えたからである。登山は大変だけど、初めて見る自然の景色を楽しみにしてほしいと思いながら、学習を進めた。

4　まとめ

（1）指導の結果と考察

徐々に児童Ｅは学級で安心した表情で活動できるようになってきた。学級の帰りの会では、その日楽しかったことや頑張ったことを発表した。「えっ、それが楽しかったの？」と思う日もあれば、「そうだね。笑ってたもんね。」と共感できる日もあった。家庭でも、「明日は○○が楽しみだ。」「今日は三つも楽しいことがあった。」などと伝えるようになった。毎日、明日の予定を知っておくために時間割を書かせて持ち帰らせていたが、７月の初めのある日、ある授業の内容を空欄で持ち帰らせたことがあった。筆者も児童Ｅも忘れていただけであったが、家でそれを見たお母さんが、「ここ何するの？ 知らなくて大丈夫？」と児童Ｅに尋ねた。これまでその授業で嫌な思いをすることが多く心配されていた。すると、児童Ｅが空欄を指さして「何があるかが楽しみなんだよ。」と答えた。このことをお母さんがとても喜んで話してくれた。子供にとって予定表はわくわくするものであって欲しいと思う。

児童Ｅは、電車やバスに乗って、出掛けることが楽しみになってきた。また、両親と一緒に出掛けることもできるようになった。６年生になり、友達や教師と修学旅行を楽しむことができた。火山ガスや水蒸気の前で、動画を撮影したいと言って撮った。低学年のときとは違い、様々な目的で楽しめるようになった。

写真３　児童Ｅが修学旅行で撮った火山の写真

（2）まとめ

ゆっくりと言葉を話し、表情や仕草の変化が些細な子供は一見おとなしく見えるが、性格とは異なることもある。児童Ｅも面白いことを思いつくし、元気に体を動かし、好奇心旺盛で、冗談を言う友達が大好きである。教育歴を振り返り、保護者から様子を聞き取り、児童Ｅの内面を推測し、仮説を立て、指導に当たったことが有効であったと考える。

この事例は、子供の成長によって、どのような難しさが起こるかを予測し、指導することの重要性について考えさせるものであった。人の気持ちや状況の理解は、経験の広がりとともに深めていかなくてはならず、また、感情の育ちに自身のコミュニケーション力が追いつかないこともある。修学旅行を楽しめたように、時間が経ってから学習の成果が分かることもある。簡単なことではないが、この実践をもとに、個々の子供の成長に合わせたていねいな指導が継続できるよう努めたい。

第3章　人間関係の形成　<事例②>

集団指導と個別指導の組み合わせによって人間関係の改善を目指した指導

交友関係でトラブルが多く、気持ちが不安定になりやすい生徒に対して、状況把握の力や意思表示の力を高めることを目指して指導を行った。人間関係や心理についての基本的な捉え方や考え方を授業の中で指導することと実際場面で具体的に指導することを組み合わせて行った結果、気持ちの切り替えや意思表示の面で改善が見られた事例である。

1　対象者の実態把握

（1）対象者の実態

生徒Ｆは、知的障害・広汎性発達障害を有する高等部２年生の女子生徒である。職業科の流通サービスコースに所属しており、柔軟に考えたり臨機応変に対応したりすることは難しいが、理解できた作業には根気よく取り組むことができる。

生活面では、失敗したり友達とトラブルになったりすると、なかなか立ち直ることができず、泣いたり活動に参加できなくなったりする。そういった不安定な状態の場合には、助言をしても責められていると感じて、かえって落ち込んだりかたくなになったりすることもある。

とてもまじめで素直な性格であり、落ち着いているときには、助言を受け入れて、前向きに努力しようとする。図示したりイメージできるように分かりやすく説明したりするとより理解しやすくなり、学んだことを活用しようとする生徒である。

（2）指導課題の整理

生徒Ｆの生活上、学習上の困難として「トラブルが多い」「気持ちが不安定になりやすい」ということが見られた。指導課題を整理するに当たり、まず、生徒Ｆの日常のエピソードを取り上げ、そのような行動を取りがちになる要因を考えた。そして、それらの推測される要因から、指導課題を導いた。課題は次の通りである（図１）。

指導課題①：必要な情報を収集、整理し、状況を適切に把握すること
指導課題②：自分の捉え方に特徴があることを理解し、他の捉え方も知ること
指導課題③：ストレスを解消したり、気持ちの切り替えをしたりすること
指導課題④：表現の仕方を工夫して適切に伝えること

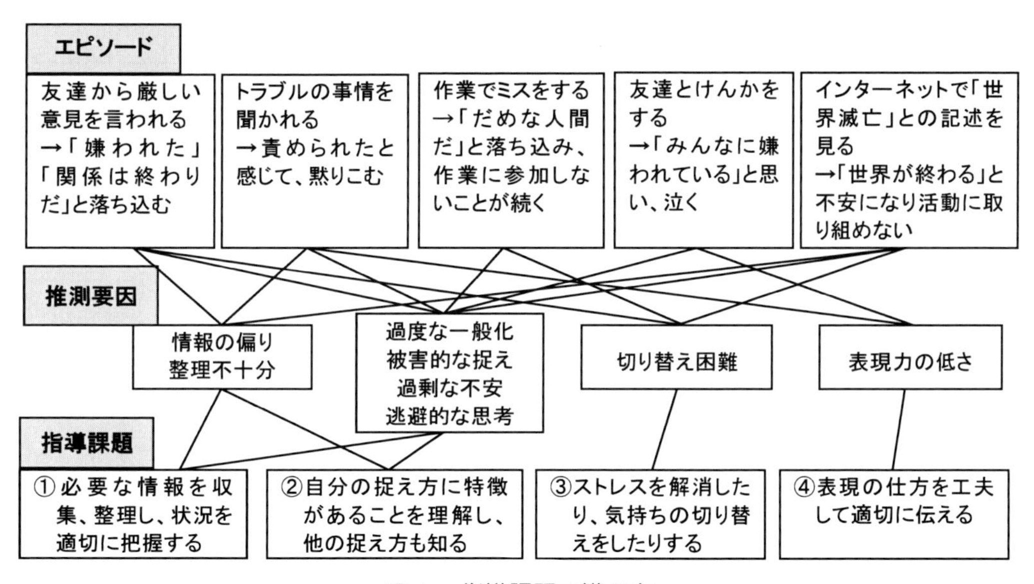

図１　指導課題の導き方

2　個別の指導計画

（１）個別の指導計画の作成に当たって

①　目標設定

生徒Ｆ自身は人間関係を良くして、安定して過ごしたいと願っていた。そのため、年間目標は本人の願いや指導すべき課題を踏まえて設定することにした。そして、前期では、心理的な安定に重きを置いた目標とし、表現力については後期の目標とした。それは、生徒Ｆの特徴として、ある程度安定した状態でなければ働き掛けを受け入れにくい面があったためである。

②　指導の形態

本校では教育活動全体を通じて自立活動の指導を行っている。本実践においては、主に休憩時間を利用した個別指導と各教科等を合わせた指導である生活学習（集団指導）を指導の場とした。トラブルに対応する個別の指導では、生徒Ｆは「悪いことをしたから叱られている」「謝らなければ」という意識が強くなり、問題の原因や対処法について冷静に判断しにくくなるという特徴がある。そこで、友達の意見を聞きながら客観的に学ぶ機会を組み込みやすい集団の場として生活学習を位置付け、個別指導とともに、相補的に指導していくこととした。

（2）個別の指導計画

指導すべき課題			
①必要な情報を収集、整理し、状況を適切に把握すること	②自分の捉え方に特徴があることを理解し、他の捉え方も知ること	③ストレスを解消したり、気持ちの切り替えをしたりすること	④表現の仕方を工夫して適切に伝えること

年間目標	冷静に状況を把握して、気持ちを適切に伝えることができる。
前期目標	教師の支援を受けながら状況を整理したり、気持ちを切り替えたりすることができる。
後期目標	相手の意図や自分の伝えたいことを考え、落ち着いて伝えることができる。

心理的な安定	人間関係の形成	コミュニケーション
(1)情緒の安定に関すること	(2)他者の意図や感情の理解に関すること (3)自己の理解と行動の調整に関すること	(5)状況に応じたコミュニケーションに関すること

指導内容		
A　自分の捉え方と他者の捉え方に違いがあることを理解すること	B　不安になった場合に、どのように考え、行動すればよいのか理解すること	C　表現方法の種類を知り、状況に応じた適切な表現を考えること

指導の形態	
	休憩時間等の日常生活指導（個別指導）
	生活学習※での指導（集団指導） ※生活学習：各教科等を合わせた指導・学級での指導を基本とし、担任が指導を行う。

図２　生徒Ｆの個別の指導計画

3　指導経過

（1）生活学習での指導

生活学習では、人間関係に関する単元をいくつか設定し、行動コントロールの仕方やコミュニケーションの取り方について参考となる観点や整理の仕方を提示した。そして、客観的に考えを進めることができるように架空の事例をもとに集団で議論する機会を取り入れた（以下、提示した観点・整理の仕方を下線で示す）。

①　単元『行動の仕組みを考えよう』（関連する指導内容：図２のＡ・Ｂ・Ｃ）

行動をコントロールするための学習として、行動の仕組みを考える活動を設定した。「できごと」「気持ち」「考え」「行動」の関係を示す行動基本モデルを提示し、図３の事例で「別の考え」「別の行動」について話し合うという活動を行った。

日常場面では、起こったことについて整理して考えるのが難しい生徒Ｆも、「考え」「行動」等の観点別に考えることで、様々な考え方や行動があることを理解することが

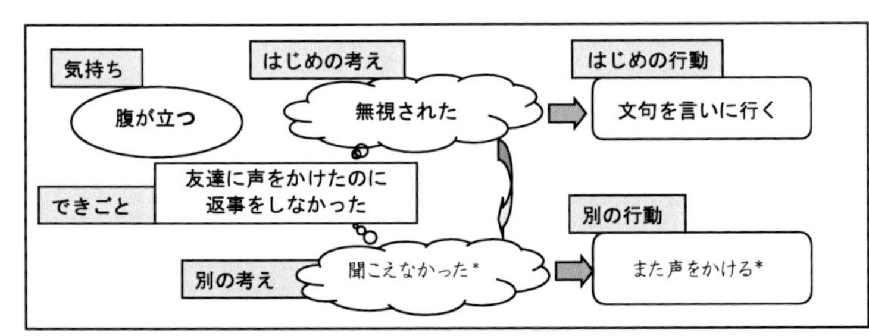

＊印は生徒の記入例

図３　行動基本モデル（練習問題ワークシート）

できた。また、友達の意見に触発され、「別の考え」として「悩みがあるのかも」「聞こえなかったのかも」と複数の考え方を記入することができた。

②　単元『感情について学ぼう』（指導内容：A）

感情レベルの学習では、感情のレベルを 10 段階に分けた感情温度計を利用し、できごとを記したカード７枚ずつを各生徒がレベル別に並べる活動を行った。全員のカードを黒板に表示すると、共通の傾向が見られる出来事もあったが、例えば「先生にほめられた」という出来事はレベル１とする生徒からレベル 10 とする生徒までいるなど差がある場合もあった。

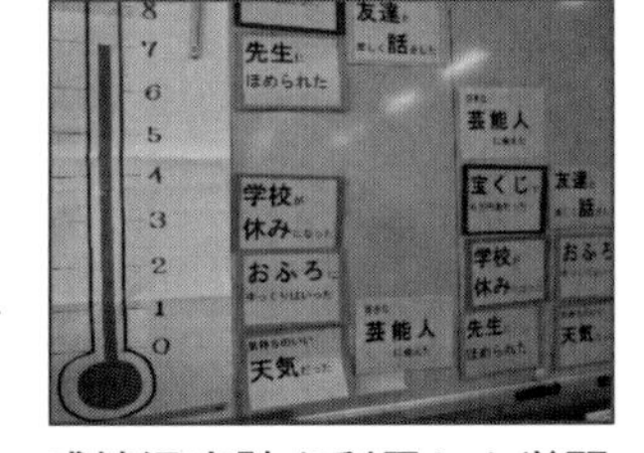

感情温度計を利用した学習の様子

友達の意見を聞く、視覚的に確認しながら比較するといった活動を通して、様々な感情の種類があることや感じ方には個人差があることが生徒Ｆにも伝わった様子であった。

③　単元『心の手当てをしよう』（指導内容：B）

ストレス解消についての学習では、「運動の手当」「リラックスの手当」「趣味の手当」「かかわりの手当」の４種類に分けて考えることを提案した。

相互に情報交換をする中で、各自が工夫しながらストレス解消を行っていることを知り、生徒Ｆも新たな方法を試みたいと感じた様子であった。その後、家庭で複数の方法を試した結果、「本を読むのがよかったです」と話すなど、ストレス解消に対する意識が向上した様子であった。

④　単元『じょうずに伝えよう』（指導内容：C）

適切な伝え方を考えるために、「消極的」「攻撃的」「理性的」という３種類の表現タイプを提示した。その上で自分がどのタイプに近いのか性格診断で確かめたり、各表現タイプのメリット・デメリットについて考えたりする活動を行った。

生徒Ｆは前述の自己診断では、「消極的タイプ」に近い結果であった。生徒同士の話し合いでは、そのタイプのデメリットとして、「考えていることが分からない」「我慢しすぎて爆発する」という意見が出ていたので、「Ｆさんもそういう面があるかもしれないね」と声を掛け、自己理解を促した。

（2）個別指導

友達とのトラブルがあった場合や生徒Ｆが悩んでいる場合には、休憩時間に指導を行った。その際には、生活学習で提示した観点や用語を取り入れることを心掛けた。

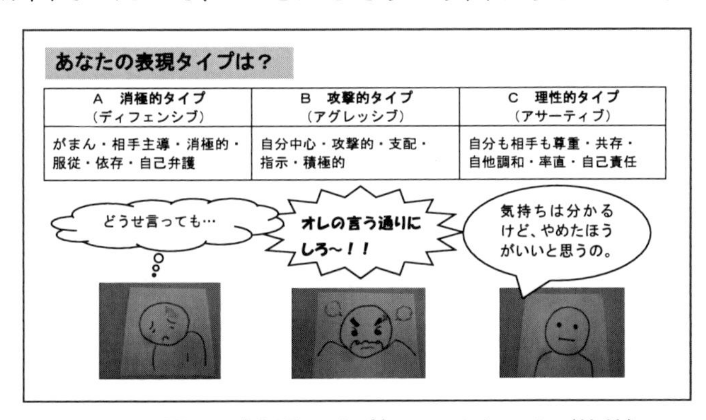

A　消極的タイプ（ディフェンシブ）	B　攻撃的タイプ（アグレッシブ）	C　理性的タイプ（アサーティブ）
がまん・相手主導・消極的・服従・依存・自己弁護	自分中心・攻撃的・支配・指示・積極的	自分も相手も尊重・共存・自他調和・率直・自己責任

図４　「表現タイプ」ワークシート（抜粋）

① 心配性について（関連する指導内容：図２のＡ・Ｂ）

インターネット上で「世界滅亡」の噂が流れ、生徒Ｆは不安になった様子だった。それにより、さらに自己肯定感が下がり、「みんなに“心配性”と言われるんです」と訴えていた。そこで、図５のような整理の仕方を示した上で、「考え」と対応する「行動」について確認した。その後は、「発表が心配だけど、家で練習します」と言うなど、整理して対応を考えることができ始めた。

② 嘘について（指導内容：Ａ）

友達が嘘をついたことで他の友達と仲違いしたことがあり、許せない自分に悩んでいた。また、友達が冗談を言ったときにも「嘘はいけない」と主張することがあった。そこで、嘘の種類について整理をしながら一緒に考える機会を持った。相手の立場や状況によって、同じ言葉でも意味が異なってくることや相手の気持ちを想像し、意図を推し量ることの重要性を伝えた。

★心配・不安には２種類あります。
Ａ　しなくてよい心配
Ｂ　必要な心配
例）Ａ：隕石が頭に落ちて死ぬかもしれない
→対策：自分では手立てができない
Ｂ：明日は寒いかもしれない
→対策：コートを用意する
・先のことを考え、見通しを持ったり必要な手立てをしたり、役に立つのは「必要な心配」です。「必要な心配」をするのは「心配性」ではありません。

図５　「心配の種類」提示資料の一部

嘘の種類 〜 嘘にもいろいろある
・自分を守る嘘…「私がやったんじゃない」
・ごまかす嘘…「あ〜知ってる、知ってる」
・少しおおげさに言う嘘…「30cmの魚が釣れた」
・じょうだん…「ＴＶに出てたの僕だよ」
・傷つける嘘…「君のこと嫌いって言ってたよ」
・社交辞令…「これ、おいしいですね」
★嘘には「許される嘘」と「許されない嘘」があります。

図６　「嘘の種類」提示資料の一部

③ 気持ちの切り替えについて（指導内容：Ｂ）

生徒Ｆが活動に入りにくいときに、「気になることはいったん心の箱にしまって鍵をかけておく」という方法を提案した。ロールプレイを行うことでイメージができるようになり、トラブルがあったときも「嫌なことを箱にしまって作業をちゃんとやりました」と話すようになるなど、自分で活用できるようになった。

④ 理性的な伝え方について（指導内容：Ｃ）

生徒Ｆは普段から「母から怒ってはいけないと言われています」と言っており、嫌なことを我慢することが多かった。その一方で、ストレスがたまり、友達に厳しい言い方をして、落ち込むこともあった。機を捉えて「怒ってもいいけど、理性的タイプで」と伝えるようにした。依然、刺々しい口調になることもあるが、友達に「うるさい！」という言い方ではなく、「ボリューム落として」という言い方をするなど、自分の表現を変えようとする姿が見られるようになってきた。

4　まとめ

（1）指導の結果と考察

①　前期目標に対する評価

・状況の整理をするには教師の支援を必要としたが、自分の行動の意味や相手の意図を理解することができた。

・立ち直りに時間を要する場合もあったが、ストレス解消方法や気持ちの切り替えの手段をいくつか身に付け、自分から活動に参加できるようになった。

②　後期目標に対する評価

・冷静に受け止めることや表現を工夫することの大切さについて理解することができ始め、落ち着いて伝えることができる場面が増えた。

③　考察

トラブルが起こった際の指導は機を逃さないことが重要であり、休憩時間などを使って短時間で行うことが多い。授業で提示した整理の仕方や用語を使うことで、効率的に話をすることができた。さらに、指導の際に「コミック会話」など図示したり言葉を書いたりする視覚支援を用いたことが意思疎通の面から効果的であった。また、行動基本モデルを基に状況を整理することを繰り返す中で、「失敗」ではなく「解決すべき問題」として前向きに捉えることができるようになるなど、生徒Ｆの姿勢にも変化が見られた。指導した内容のいくつかはプリントにまとめて渡していたが、生徒Ｆはそれをファイリングし、「お助けブック」と名付けて見返していた。家庭でもその内容を保護者に説明するように促すことで、さらに理解が深まったと思われる。

（2）まとめ

集団での学習の利点として、友達からの意見を聞くことにより多様な視点を得て、視野を広げられるということが挙げられる。生徒Ｆも授業では、人間関係について冷静に学ぶことができた。ただし、一般論として分かっただけでは、生徒Ｆは十分汎化できなかった。日常のできごとに授業での知識を当てはめながら具体的にかみ砕いて伝えたり、活用できるように実践の機会をつくったりすることによって、理解が深まり自分のものとすることができた。

基本的な考え方を伝える集団指導と実践的に指導する個別指導、それぞれの利点を生かしながら関連付けることによって、指導の効果が高まったと考えられる。

●引用・参考文献●

キャロル・グレイ著　門眞一郎訳（2006）コミック会話　自閉症など発達障害のある子どものためのコミュニケーション支援法．明石書店．

ロバート・Ｄ・フリードバーグ他（2006）子どものための認知療法練習帳ガイドブック．創元社．

第4章　環境の把握　＜事例①＞

「書くことと読むこと」が困難な児童の言語の理解と表出を促す指導 ～VOCA-PENの活用を通して～

書字、読字が困難な児童に対し、VOCA-PENの活用を通して、言語の理解と表出を促した。１年後には、家庭や学校での決まりやルールの理解ができるようになり、また自分の経験したことや思いなどを簡単な言葉で表現できるようになったことで、幼少期から見られていた地域等での問題行動の減少にもつながった事例である。

1　対象者の実態把握

（1）対象者の実態

児童Ｇは、知的障害教育部門の小学部６年生の男子、知的障害を有する自閉症である。

＜発達や経験の程度、興味・関心、学習や生活の中で見られる長所やよさ、課題等＞

- 身体を動かして活動することが好きである。
- おもちゃのパワーショベルなどで遊ぶことが好きである。
- 音の鳴るおもちゃやスピーカーなどに耳を当てて聴く。
- 友達や周囲の友達とかかわることを好む。
- 自動販売機が好きで、嗜好飲料（特にコーヒー）に対するこだわりが強い。
- 言葉での指示や教示に反応しないことがあり、呼び止めても自分の興味ある物や人へ走り出してしまう傾向がある（学習集団が大きくなると、その傾向は強い）。
- 突発的な行動が多く、自分の興味のある物を取ってしまう傾向がある。
- 周囲の人とかかわりたい気持ちが強いが、どのようにかかわってよいか分からず不適切な言動で気を引くことが多い。
- 他者とのかかわりにおいて、人の匂いを嗅いだり、人の頭を押さえたりするところがある。
- 身体接触のある遊びを極端に苦手とする。
- 家庭や地域でのきまりやルールの理解が難しく、幼少期より地域等での問題行動が多い。
- 年度当初の学習・生活場面における行動観察（ＫＪ法で整理）と「認知・言語促進プログラム」（津田望・東敦子 1998）（以下、NCプログラム）の結果から整理した実態を表１に示す。

表１　児童Ｇの実態

行動観察・ＫＪ法・聞き取りによって見えてきた課題	認知・言語促進プログラムの結果＜2016.5 月現在＞
・家庭や学校でのきまりやルールの理解が難しく、幼少期より地域等での問題行動を繰り返している。 ・嗜好飲料（コーヒー）に対する執着心が強い。 ・保護者より「（直近の課題として）問題行動をやめさせたい」。 ・利用する事業所での逸脱行為が多い。	視覚操作　３～４歳 言語理解　２～３歳 言語表出　２～３歳 視覚記銘　１～２歳 聴覚記銘　３～４歳 読字　３～４歳 書字　２～３歳 数　２～３歳 微細運動　２～３歳 粗大運動　４～５歳

（２）指導課題の整理

児童Ｇの実態（学習・生活場面における行動観察、NC プログラム）を踏まえ、複数教員でＫＪ法を活用し、次のように指導課題の整理を行った。

１）学習上又は生活上の困難や、これまでの学習状況の視点から整理する段階

２）○○年後の姿の観点から整理する段階

３）整理した情報から課題を抽出する段階

４）中心的な課題を導き出す段階

〈導き出された課題〉

⇒指示理解が難しく、問題行動を繰り返してしまうのではないか。

⇒言語理解力の弱さや言葉の記憶力の弱さがあり、問題行動を繰り返してしまうのではないか。

⇒注意力散漫で、誰の指示にフォーカスを当てて聞けばよいのか分からないのではないか。

⇒きまりやルールの理解を促すために、本児の実態に合った伝え方や構造化（環境の整理）が必要ではないか。

⇒本児の理解の程度に合わせて、家庭や地域でのきまりやルールの理解を促していく必要があるのではないか。

２　個別の指導計画

（１）個別の指導計画の作成に当たって

課題を踏まえ「言語の理解や表出に関する力の向上を図りながら、家庭や地域、学校でのきまりやルールを理解し、問題行動の軽減を図ることができる。」を長期目標とした。個別の指導計画の一部抜粋したものを図１に示した。

指導目標（いくつかの指導目標の中で優先する目標として）

○言葉の理解や表出に関する力の向上を図る。
○学校において、周囲の人に対して、自分の気持ちや要求を適切に表現する機会を増やす。
○移動の際は、教師や友達のそばを離れずに移動する。

選定された項目

健康の保持	心理的な安定	人間関係の形成	環境の把握	身体の動き	コミュニケーション
・生活のリズムや生活習慣の形成に関すること	・情緒の安定に関すること	・他者とのかかわりの基礎に関すること	・認知や行動の手掛かりとなる概念の形成に関すること	・日常生活に必要な基本動作に関すること	・状況に応じたコミュニケーションに関すること

具体的な指導内容

<学校生活全体を通して>	<日常生活の指導、生活単元学習を通して>	<自立活動・学校全体を通して>
・その都度、適切なモデルを示したり、教示をしたりする。 ・言語性ワーキングメモリーを活用した教示を行う。 ・繰り返し行う作業等、やり方を言葉と行動でていねいに教える。 ・失敗したり、間違った行動をしたりした場合は、その都度、適切な行動を教師と一緒に行う。 ・ルールの設定ややり方の流れを確立する。	・朝の会、帰りの会、給食準備、清掃活動、課題単元、設定遊び等では、意図的に児童同士がかかわる場面を設定し、適切なかかわり方や解決方法が学習できるようにする。	・国語や算数の基礎的な力になる学習を進め、言葉の理解や表出に関する力の向上を図る。 ・VOCA-PEN を活用し、復唱しながら言葉を覚えて使う。

図１　児童Ｇの自立活動指導計画

（２）個別の指導計画

①　指導上の工夫 ～教材の工夫～

文字を読むことが困難で言語理解力が弱い児童であったため、VOCA-PEN を導入した。

< VOCA-PEN を活用した取組>
・教材に添付されたシールに VOCA-PEN のペン先を当てることで録音された内容を読み上げることができる。
・身近な人の声を録音できる。
・文字を読むことが難しい児童もペンから流れる音声を復唱することで、児童が主体的に発表したり、司会進行したり、新しい言葉を覚えたりすることができる。

VOCA-PEN と実際の教材の一部

②　指導上の工夫 ～自発性を育む～

教師と一対一の学習では、自立活動の時間の指導において VOCA-PEN の使い方を習得する場面を設定した。具体的には、VOCA-PEN の先を音声シールに当てると音声が流れることを遊びながら学ぶ機会とした。身の回りの物や季節に関する物（花等）に音声シールを添付し、児童が自ら音声シールを探しながら、シールから流れる音声を楽しむ環境を設定した。

③　指導上の工夫 ～ VOCA-PEN を様々な場面で活用すること～

学校生活全体では、児童会長である本児が VOCA-PEN の音声を手掛かりに集会活動等で司会進行や行事の挨拶をしたり、日常生活の指導（朝の会）での司会進行をしたりする環境設定をした。

3　指導経過

具体的な取組の実践事例紹介

	＜具体的取組１＞　VOCA-PEN を使ってみよう。
VOCA-PEN の音声を復唱してみよう。 教科・領域： 「自立活動」	**＜主な学習内容＞** ○ VOCA-PEN の使い方を習得する。 **＜学習のねらい＞** ○ VOCA-PEN の先を音声シールに当てる。 ○ VOCA-PEN から流れる音声にフォーカスを当てて聞く。 ○ VOCA-PEN から流れる音声を復唱する。 （２音の単語からスタート） **＜学習時の児童の様子＞** ○ VOCA-PEN から流れる音声に、繰り返し耳を傾ける様子（聞き入る様子）が見られた。 ○ VOCA-PEN から流れる音声（単語）を正確に復唱しようとする様子が見られた。 （単語⇒２語文程度） ○授業以外でも音声録音シールを探して、音声を聞く様子が見られた。 ○一度聞いた音声（言葉）を覚え続けることができ、生活場面で積極的に使う様子が見られた。 教室内に貼られてある音声録音シールを自ら探し、VOCA-PEN から流れる音声を楽しむ児童G（季節の花の名前を覚える）
	＜具体的取組２＞ VOCA-PEN を活用することで、主体的に発表したり、司会進行をしたりしてみよう。
VOCA-PEN を使って、授業の司会進行をしよう。 教科・領域： 「特別活動」：集会活動 「日常生活の指導」：朝の会 「生活単元学習」	**＜主な学習内容＞** ○ VOCA-PEN を使って、集会活動の司会進行や授業の進行をする。 **＜学習のねらい＞** ○ VOCA-PEN から流れる音声を手掛かりに、自分の力で主体的に集会活動や授業の進行をする。 **＜学習時の児童の様子＞** ○教師が常時そばにいなくても、VOCA-PEN から流れる音声を手掛かりに司会進行をする様子が見られた。（２語文～３語文程度の復唱ができた） ○児童自身が「自分で司会進行ができている」という実感を得ながら、意欲的に取り組むことができた。 ○授業の振り返りでは、「できた」「たのしかった」「うれしかった」と言葉とイラストで表現する様子が見られた。

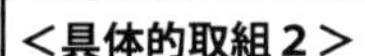

VOCA-PEN と学部集会の進行表

朝の会の流れカード
朝の会の流れカードに音声録音シールを貼り、シールを手掛かりに児童が主体的に朝の会の運営を行った教材と朝の会の様子

4　まとめ

（1）指導の結果と考察

①　NCプログラムの検査における変容

実践開始時と実践開始後にNCプログラムを実施した結果と、児童の変容を表2に示す。

表2　児童の変容

NCプログラムの結果		変　容
実践開始時	実践開始後	
<2016.5月現在> 視覚操作：3〜4歳 言語理解：2〜3歳 言語表出：2〜3歳 視覚記銘：1〜2歳 聴覚記銘：3〜4歳 読字　：3〜4歳 書字　：2〜3歳 数　：2〜3歳 微細運動：2〜3歳 粗大運動：4〜5歳	<2018.1月現在> 視覚操作：4〜5歳 言語理解：5〜6歳 言語表出：5〜6歳 視覚記銘：4〜5歳 聴覚記銘：4〜5歳 読字　：4〜5歳 書字　：4〜5歳 数　：3〜4歳 微細運動：4〜5歳 粗大運動：5〜6歳	・すべての項目において力を付けることができた。 ・「言語理解」では、大きな伸びが見られ、前後左右の理解や受身文の理解も進んだ。 ・「視覚記銘」、「聴覚記銘」ともに、大きな伸びが見られ、三つくらいまで記憶してお遣い等ができるようになった。 ⇒簡単な約束事を覚えて、守ることができるようになった。 ・「読字」面では、読むことができる単語（ひらがな表記）が増えた。

②　言語理解と言語表出の変容

児童Gは、以前からラジカセのスピーカーから流れる音に耳を近付けて聞く行動があった。VOCA-PENを導入した初期段階でも、同様にVOCA-PENを耳に近付けて繰り返し聞く様子が見られた。次第に「オレンジペン（VOCA-PENの呼び名）は何て言ってた？」と尋ねると、短い単語については正しい発音で応えたり、長い単語についても不明瞭ながらも音を真似たりするようになった。このように、児童GにとってVOCA-PENは、自発的に音声が聞けるものとなり、児童Gはその音声を真似る楽しさに気付き、3語文程度の復唱が正しい音声できるようになった。日常生活においても、教師の簡単な指示が聞けたり、言葉を真似したりするようになった。AAC機器を活用した音声の復唱の繰り返しは、児童Gにとって言語理解の向上につながったと考えられる。

また、VOCA-PENを導入前の段階での、児童Gの言語表出については、全体的に不明瞭で表出できる語彙数も限られていた。VOCA-PENを導入したことにより、新しい言葉を覚えはじめ、日常生活の中でも覚えた言葉を積極的に使うようになった。具体的には、見たことや体験したことを簡単な言葉で伝えたり、楽しい、嬉しい、悔しいなどの気持ちや疑問に思ったことを教師や友達に尋ねたりする姿が多く見られるようになった。集団での学習場面では、簡単な一斉指示を理解して行動できるようになり、日常生活の中でも、話している人の言葉にフォーカスを当てて、簡単な指示に従って的確に行動できるようにもなった。VOCA-PEN は、音声シールから流れる音声に集中して耳を傾けられ、言語理解力と言語表出力を促すために効果があったと言える。

③　家庭や地域、学校でのきまりやルールの理解の変容

VOCA-PEN を導入する前の段階では、きまりやルールの話はイラストを活用することが中心であった。児童Ｇが目にする場所にイラストなどを掲示していても、改善には至らず、問題行動の改善にはつながらなかった。しかし、言語理解力が上がってきたあたりから、きまりやルールをイラストと簡単な言葉で伝えると、その言葉を記憶して守ろうとする様子が見られるようになってきた。さらに、学校で学習した「家庭や地域でのきまりやルール」を記憶できるようになったことで、家庭や地域生活の中での問題行動の減少につながっている。実際に、学校における校外学習においては、出掛ける前に、「今日は何を買うの？」「今日は、コーヒーは買うの？ 買わないの？」といった確認をすることでそれを覚え、校外学習で興味のある物が目に入っても、走り出してしまうことがなくなった。興味のある嗜好飲料が目に入っても「今日は、買わない。今日は買えない」と自分自身に言い聞かせるような様子も見られるようになった。保護者からも「近くのスーパーなどで落ち着いて買い物ができるようになった」とのコメントも寄せられた。

（2）まとめ

今回、「突発的な行動が多く、家庭や地域でのきまりやルールの理解が難しく、問題行動を繰り返してしまう」という課題に対し、その背景要因として、指示理解の難しさや言語理解力の弱さ、言葉の記憶力の弱さから問題行動を繰り返すのではないかと考え、「言語の理解や表出に関する力の向上を図りながら、家庭や地域、学校でのきまりやルールを理解し、問題行動の軽減を図ること」を長期目標に据えて取り組んだ。結果、言語理解力や言語表出力の向上が得られ、家庭や地域、学校でのきまりやルールを理解し、問題行動の軽減を図ることができた。以上のようなことから、本児の特性や好きなことを踏まえた上で VOCA-PEN のような AAC 機器等の補助手段を活用することは有効であり、聴覚から記憶することが苦手な知的障害のある幼児児童生徒にとって、言語の理解や表出の力を付ける手段の一つとして有効であると考えられる。さらに今回の取組は、日常生活における課題に広げることができた。活用のポイントは、はじめは教師と一対一で行う自立活動の時間において、VOCA-PEN の使い方や、VOCA-PEN を使ってできる楽しい経験を繰り返し積むことから取り組み、次第にそこでの成功経験を土台として、活用する場面や集団を広げることであった。段階的な指導を行うことで、より自信につながり、日常生活の課題解決へとつながったと考えられる。

体や目の動きを高め、活動に取り組む姿勢を育てる指導
～実態把握図を作成し、実態を可視化する取組～

本校では「一人ひとりの中心的課題を踏まえた指導の充実 ～自立活動の視点を取り入れた指導～」とういうテーマのもとに研究を行っている。今年度は実態把握図を作成すること（実態の可視化）で、情報同士の関連性を見出して実態の背景にある要因を明らかにし、仮説を考えて指導目標・内容を設定すること、また指導の変容を見とることで仮説や指導目標を見直し、指導内容や指導場面を広げながら継続した指導、支援を行っていくことをねらいとしている。

自立活動の指導は、何をするか決まっておらず弾力的に指導をすることができる。そのため、個々の障害による困難さがどこから生じているのか、様々な情報から指導課題を導きだす過程が重要である（下山 2018）。そのためにも、実態把握から指導までのプロセスを明らかにすることが求められている。今回の改訂においては「児童又は生徒の実態に基づいて得られた指導すべき課題相互の関連を検討すること。」が明記された。萩庭（2017）は、実態把握から指導の目標を設定する間に、指導すべき課題をどのように整理するのか、設定に至る判断の根拠を明確にすることで指導の妥当性、系統性を図る目的で加えていると述べている。以上のことを踏まえて、本校の研究で行った生徒Hの事例を紹介する。

1　対象者の実態把握

（1）対象者の実態

生徒Hは、中学部２年生の男子である（NC プログラム：Z 型〔上限領域６読字　下限領域３表出〕、太田ステージの Stage Ⅲ - １＋）。中学部入学時に来日し、そこから日本語を習得した。

入学当初の頃は、常に体か目が動いていた。話をしていて盛り上がると相手との距離が近くなる一方で、分からない話になると表情が一変して硬くなり、「分からない」と言って、聞くことを避けていることが多かった。また、相手との距離が近く相手の体に触ってしまうことも多く見られた。

（2）指導課題の整理

収集された実態間の関連を図るために、実態把握図を作成した。実態把握図の作成方法は以下の通りである。

①付箋に書かれた内容をグループ全員で確認をして、似たもの同士を集める。

図１　生徒Ｈの実態把握図

②集まった付箋を見て新たな表札を付ける。

③表札を付けた付箋同士の関連付けを行い、図式化をする（図１）。

④中心的課題を示して、仮説（現在の姿の解釈、現在の姿の背景にある要因、どのように指導をしていけばよいか）を設定する。

⑤指導目標・指導内容の設定をする。

以上の検討を行い、実態把握から指導目標・内容までのプロセスを明確にする。また、本校の普通学級には自立活動の時間の指導は設定されていないため、学校生活全般において自立活動の指導を行っている。以下は、生徒Ｈの実態把握図と仮説となる。

（３）中心的課題と仮説について

①　現在の姿の解釈

分かることが少ないがために、話題が共有できると嬉しくなる半面、分からないことに対しては強く拒否反応が出ているのではないかと思われる。また、体や目の動かし方が上手ではないため、バタバタしている印象があるのではないかと考えた。

②　現在の姿の背景にある要因（指導すべき課題）

生徒Ｈが困っている点として見せている姿の要因を見とり、アセスメントより検討してみると、①力の調整を図ることが難しい（見とり）、②会話の前後の文脈から大よそを理解して生活している（見とり）、③斜視気味で、眼球の瞬間的な動きがある（見とり、太田ステージ）、④日本語を習得している段階であり、言葉の概念がまだ不十分な点がある（太田ステージ、NC プログラム）、⑤粗大運動の経験が不足している（NC プログラム、見とり）と以上の５点が挙げられた。

③　どのように指導をしていくか

生徒Hは中学校入学の段階で来日し、そこから日本語を習得している状況である。そのため、語彙を増やしていくことが周囲の環境の把握や情緒の安定につながっていくと考えた。また、注意が散漫になりやすい反面、注意を逸らさずに集中する場面もある。そこで、まず本人が集中することができる場面を見つける。生徒H自身が集中していることを意識できることで、今後自分で意図的に集中できるようになると今以上に生活しやすくなると考えた。

また、粗大運動の経験不足及び力の調整が難しい様子が見られることから、朝の運動(保健体育)や保健体育の中で特に腕立て支持などの静止した持続運動や、くぐる、跳び越えるなどの運動を通してボディイメージを高め、姿勢や動きのコントロールにつなげていきたいと考えた。目の動きをコントロールすることにより、麦茶の入ったコップを友達に手渡すなど力の調整が必要な行動とともに、作業や机上の活動もしやすくなると思われた。

2　個別の指導計画

上述したような実態と、その背景を考え、以下のような目標を設定した。

長期目標（3年）	◎安定した情緒の下で生活することができる。 ◎決められたルールの中で行動することができる。
中期目標（1年）	◎集中して取り組める場面を増やすことができる。 ◎場面に応じたコミュニケーションをとることができる。
短期目標（半年）	◎体幹の筋力向上を図ることができる。また、身体の様々な動きを経験し、ボディイメージを高めることができる。 ◎会話の中で使える語彙を増やすことができる。

自立活動の区分との関連

区分	健康の保持	心理的な安定	人間関係の形成	環境の把握	身体の動き	コミュニケーション
項目		(1) 情緒の安定に関すること	(2) 他者の意図や感情の理解に関すること (3) 自己の理解と行動の調整に関すること	(1) 保有する感覚の活用に関すること (4) 感覚を総合的に活用した周囲の状況の把握に関すること	(1) 姿勢と運動・動作の基本的技能に関すること (5) 作業の円滑な遂行に関すること	(3) 言語の形成と活用に関すること (5) 状況に応じたコミュニケーションに関すること

具体的な指導内容	・目と手の協応を高める ・なめらかな目の動きを獲得する ・語彙を増やす ・聞き取り課題を理解して活動する	・一定時間持続した静止運動に取り組む ・言葉に合わせて体を意図的に動かす ・課題に合わせて体を意図的に動かす	・決まった場面で言葉でやりとりをする ・好きなものを選択し伝える ・分からないときには質問をする
具体的な指導場面	職業・家庭（被服、清掃） 国語・数学個別学習	朝の運動	休み時間 給食の時間

短期目標を達成するために、上記のような指導内容と指導場面を設定した。また具体的な指導内容やねらいを立て、各教科等の中での担当者を明確にした。担当者と学級担任は様子を確認し合い進めていくこととした。

3　指導経過

４月に生徒Ｈの様子を捉え、ベースラインとした。上記の指導場面すべてで指導を行った。

目　標	具体的な指導内容（場面）	評　価
◎体幹の筋力向上を図ることができる。また、身体の様々な動きを経験し、ボディイメージを高めることができる。	国語・数学 (個別学習) 指導内容 ・目と手の協応を高める。 ・なめらかな目の動きを獲得する。	・「い」や「く」などの比較的簡単なひらがなは正確に書けるようになった。「か」が「や」になるなど、交差のある文字は難しい。 ・玉ひも教材（写真１）では、手の動きに目が追い付いていないことがあり、途中で数唱が止まる場面が見受けられた。５月中旬、目の動きが追い付いてくるようになると、10までの数を玉を動かしながら正確に数えられるようになった。 写真１　玉ひも教材
◎会話の中で使える語彙を増やすことができる。	日常生活の指導 (給食) 休み時間 指導内容 ・決まった場面で言葉でやりとりをする。 ・好きなものを選択し伝える。	・はじめは指さしだけで要求を伝える場面が見受けられたが、決まったパターンで繰り返し会話の練習をしていくことで、次第に言葉で伝えられるようになった。しかし、分からない単語が出てくると、口ごもって伝えたいことを途中で諦めてしまうことがあった。

国語・数学（個別学習）の場面のほかにも、目と手の動きが一致し始めた５月以降、文字構成を促すために、絵描き歌や「縦横シュ」など音にして記憶する記銘の要素を取り入れながら順番と構成を覚えることを取り入れた。また、カルタやカテゴリーごとの言葉集めなど語彙を増やす取組を継続していった。

作業学習や職業･家庭では「できました」や「教えてください」など､決まったフレーズで報告や質問をする機会を設定し、必ず伝えたことが叶う（「手伝ってください」なら支援してもらえる）よう、伝わるように話せば聞き入れてもらえることを徹底した。

11月の様子を以下に記す。

目 標	具体的な指導内容（場面）	評 価
◎体幹の筋力向上を図ることができる。また、身体の様々な動きを経験し、ボディイメージを高めることができる。	国語・数学 （個別学習） 指導内容 ・なめらかな目の動きを獲得する。 ・聞き取り課題を理解して活動する。	・文章のなぞり書きを繰り返し行い、正確に書けるひらがなが増えた。読む練習では、指差ししながら行うことで、正確に読むことができるようになった。 ・伝えた番号から反射的に指さすことがあった。「はい」の合図があるまで待つように繰り返し練習してから取り組むと、4桁までの数字は正確に覚えて指さすことができた（写真2）。 写真2　記憶課題
◎会話の中で使える語彙を増やすことができる。	日常生活の指導 （給食） 休み時間 指導内容 ・好きなものを選択し伝える。 ・分からないときには質問する。	・フレーズを覚えて、相手に伝えられるようになった。また、分からない単語は事前に聞く習慣が身に付いてきた。

4　まとめ

（1）各教科等での変化

各教科等	変　化
国語・算数	・目の動きがなめらかになり、正確に書けるひらがなが増えた。 ・飛ばし読みが減り、3語文程度の文章を読めるようになった。 ・待つ習慣が身に付き、5容量の記憶ができるようになった。
保健体育	・両足ジャンプができるようになった。 ・体幹の筋力が向上し、姿勢の維持ができるようになった。
社会性の学習	・遅延模倣では、教員の合図を待つ時間が少しずつ増えてきた。
職業・家庭	・刺繍では、目で場所を追いながら正確に刺すことが増えた。
日常生活の指導	・フレーズを覚えて円滑に会話ができるようになってきた。 ・分からない語彙は、事前に聞いてから話すことが増え、口ごもる場面が減ってきた。

NCプログラムでは、視覚操作、言語、記銘の部分が伸びている。太田ステージでは、Stage Ⅲ - 2となった。

（2）まとめ

仮説を立てる際に、生徒Hの行動の多くは不安や経験の不足がもたらしているということを共通理解し、正しい経験をしていくことを大切に学習を設定してきた。意識して体を動かしたり止めたりすること、相手やモノの動きに合わせて目を動かすことなど、会話を楽しめているように見える生徒Hの課題としては簡単すぎるように思えるが、まだその部分が未学習だったために全体としてうまく学習が積みあがっていないとした仮説は正しかった。体や目の動きが向上することで、「最後まで話を聞いてから取り組む」ことができるようになった。結果、行動のつじつまが合うようになり、日常生活や作業学習の場面では安心して任される活動が増えている。また、国語・数学の場面では語彙の学習も継続して行い、設定されたコミュニケーション以外でも「伝えたいこと」を言葉にして話し、その答えを聞き、会話を展開させることも上手になっている。その背景にはNCプログラムに見られる認識面での成長が大きいと思われる。

生徒Hは一見すると、何でもできるおしゃべりも好きな生徒だったが、今回の実態把握から背景を考える取組を通して、より深く理解し、適切な課題設定ができたと感じる。自立活動の目標や具体的な課題を検討するに当たり、まず児童生徒の見せている行動の背景を探ることはとても大切なことである。そして生活全般の中で意識して取り組んでいくことで、見せている変化をどう解釈していくかがカギとなる。生徒Hについては、学年団の意見と太田ステージ、NCプログラムをアセスメントとして取り入れ、変化を解釈する指針とした。教員一人の思い込みにならないよう複数の意見や外部専門家の意見、アセスメント結果などを組み合わせることでより実態に迫り、適切な評価、次の課題設定へとつなげられると考えている。

●引用・参考文献●

太田昌孝・永井洋子（1992）自閉症治療の到達点．日本文化科学社．
木村順監修（2011）発達障害の子の読み書き遊びコミュニケーション遊び．講談社．
障害児基礎教育研究会編（2006）一人ひとりの子どもに学ぶ　教材教具の開発と工夫．学苑社．
下山直人（2018）知的障害特別支援学校における自立活動の指導の現状と改善の方向性．実践障害児教育 537，10-13．
津田望・東敦子（1998）認知・言語促進プログラム．コレール社．
萩庭圭子（2017）自立活動の改訂の要点．特別支援教育 66，34-37．

第5章　身体の動き　<事例①>

階段昇降の安定と椅子座位の姿勢保持の指導

腰を後ろに引き、肩まわりに緊張が見られ、立位や歩行では踵荷重になっている児童の実態を踏まえ、身体各部位の緊張をゆるめ、適切な使い方を覚えることを目標にした。週1回の指導で、1年後には椅子座位では背中を伸ばした姿勢で座れるようになったうえ、足指・足首も適切に使えるようになり、歩行が安定して階段を1段1歩で上れる回数が増えてきた事例である。

1　対象者の実態把握

（1）対象者の実態

児童Ⅰは、小学部4年生の男児で、ダウン症候群である。

小学部1年生から本校に入学。家庭では、1カ月に2回、地域の施設でPT指導を受けてきた。PT指導では、体幹を使う動きやはしご歩きなどの練習をしている。

積み木を積むような手先の細かな操作や、見て物事を予測する力が少しついてきたが、言葉のみの指示では注意を向けづらい。他者に伝えようとする力が弱く、聞き手（受け手）が児童Ⅰの反応をくみとり、その意図を推測することが必要である。

3年生のときから自立活動専任が校内に位置付けられ、自立活動の時間の指導（以下「時間の指導」とする）を行ってきた。時間の指導では、身体の動きを中心的な課題として1週間に1回、20～30分間で取り組んできた。

日常生活の指導場面では、保健係として教室から保健室まで健康観察カードを階段を利用して届ける活動を行っている。

<身体の動きに関する実態>

- 教室など椅子座位姿勢でお尻が前に出て、座位姿勢が崩れてしまうことがある。テーブル等があると肘をついて寄りかかって座ってしまう。
- 歩行が遅く、学級の友達と一緒のペースで移動がしづらい。
- 階段の上りは腰を後ろに引いて前屈みになり、手すりを使ったり教師が手をつないだりすることで、1段1歩で上ることもできるが、時間がかかったり、1段2歩になったりすることが多い。下りるときは腰を後ろに引くため踵荷重になり、膝を曲げることが難しく、教師が手をつないでも1段2歩になってしまう。

（2）指導課題の整理

課題については、表1の通り三つの観点から整理することとした。

日常生活場面を観点とした理由は、児童Ⅰの将来の生活を見据え、自主的に行動できる内容を増やすために、小学部段階で特に必要であると考えたためである。

表1　課題の整理（自立活動・各領域教科・日常生活）

①自立活動の区分からの課題整理

健康の保持	心理的な安定	人間関係の形成	環境の把握	身体の動き	コミュニケーション
頸椎の間軸椎の不安定があり、運動内容に制限がある。	自分の思いが伝わらないと自傷行為が見られる。	担任など特定の大人とはかかわれるが、同年代の子どもとのかかわりが難しい。	鉛筆や筆など、細い棒状のものを持って操作することが難しい。	椅子座位では、背中が曲がり、歩行は不安定で、足を開いて歩くことが多い。	発語がなく、サインやジスチャーを自分から出すことが少ない。

②各教科・領域からの課題整理

日常生活の指導	生活単元学習①	生活単元学習②	国語・算数	体　育	音　楽
立ったまま着替えをすることが難しい。	長時間歩き続けることが難しい。	手指を使った活動が苦手である。	自分の気持ちを言葉で伝えることが難しい。	高さのある障害物を越えることが難しい。	音楽に合わせて手や身体を動かすことが難しい。

③日常生活にかかわる内容からの課題整理

着替え	歩　行	階段昇降	座位保持	排　泄	食　事
立ったまま着替えをすることが難しい。	長時間歩き続けることが難しい。	段差を歩くことが苦手である。	背中を伸ばして座ることが難しい。	立って排尿することが難しい。	正しい座った姿勢で食べることが難しい。

2　個別の指導計画

（1）個別の指導計画の作成に当たって

①　指導目標、指導内容の設定の観点

学習環境の変化に伴い、以下の観点から指導目標や指導内容を整理した。

・３年生への進級に伴い、学級配置が２階に変更したこと。
・教室移動の際に階段を使用しての歩行場面が多くなったこと。
・学級の友達と一緒のペースで行動する必要性が増してきたこと。
・身体を動かす場面で、課題が多くなってきたこと。

②　指導の形態

上記の観点から、学校教育全般や各教科から「時間の指導」として抽出し、自立活動専任に専門的な指導を受けることが適切と判断した。

（2）個別の指導計画

表２は、課題の整理から導き出された長期目標・短期目標と具体的な指導場面（時間の指導）である。階段の昇降に関しては、指導時間と実態から、階段の上りに絞り込んでいった。

表２　長期目標・短期目標・指導内容

長期目標	・歩行を安定させ、教室移動や体育など運動場面などで、できるだけ一人で行動できるようにする。 ・座位姿勢や立位などを保持できる筋力や集中力を付けるようにする。
短期目標	・肩・足指・足首など、身体の各部位の緊張をゆるめ、適切な使い方を覚えるようにする。 ・正しい座り方や立ち方を覚えるようにする。

中心的な指導場面　自立活動「身体の動き」　　指導者：自立活動専任教師

指導内容	・腰を起こす動作（あぐら座姿勢で骨盤を立てる） ・背中を伸ばす動き（あぐら座姿勢で背中をまっすぐに伸ばす） ・肩まわりの緊張のゆるめ（肩を上下に動かして緊張をゆるめる） ・足指・足首の緊張のゆるめ（足指・足首を○○する） ・腰を上げて股関節を伸ばす動き（仰向け姿勢で腰を上げる） ・股関節を伸ばす動き（うつ伏せ姿勢で尻の緊張をゆるめる） ・足の踏みしめと片足立ち（足裏をしっかりと付けて立ち、片足立ちをする） ・階段上りの練習（教師が手をつないで１段１歩で上るように支援する）

表３　自立活動の指導プログラム

	指導プログラム	具体的な指導内容とポイント
1	骨盤起こし	①あぐら座位で上体を前屈した姿勢をとる。 ②左右に身体を少し動かし、その都度伸ばした手を前に伸ばす。 ※骨盤を立てた姿勢保持ができるように教師が後ろからの支援をする。
2	肩まわりゆるめ	①緊張している部位に手を当て意識させる。 ②動かす方向を本人に伝えながら、上下、前後に肩を動かす。 ※肩に当てた手を強く握ったり押したりしないようにする。
3	足指・足首ゆるめ	①足指の付け根、足の甲、足首に指を当てて緊張をゆるめていく。 ②足首を底屈・背屈、左右に動かし可動域を広げていく。 ※中指が真ん中になるようにまっすぐにしてから取り組む。
4	股関節伸ばし	①仰向け姿勢で足裏を床につけ脚を軽く曲げた姿勢から、腰を上げる。 ※入力時に背中が反らないように気を付ける。
5	股関節ゆるめ	①うつ伏せ姿勢で、おしりの脇に手を当てて尻の緊張をゆるめていく。 ※強く押したり教師の体重をかけたりしないように気を付ける。
6	足の踏みしめ・体重移動・体幹の筋力・バランス力	①立位姿勢からつま先立ちをする。 ②立位姿勢から身体を左右に動かし体重移動をする。その後、片足を上げる。 ※足がまっすぐになるようにし、足指を握らないように支援する。
7	階段上り	①教師が軽く手をにぎり、１段１歩で上る練習をする。 ※手を握った高さが本人の肘より高くならないように気を付ける。

表3は、主な指導プログラムとポイントである。それぞれのプログラムは階段昇降と座位姿勢保持のために必要であり、一つ一つの内容を関連付けて指導を行った。

3　指導経過

（1）指導頻度

1週間に1回20～25分間程度、「時間の指導」として身体の動きの課題を中心に取り組んだ。

（2）工夫点

・課題となっている部位（肩、足首等）にピンポイントで教師が触れることで、本児が意識しやすいようにした。

・上手に動かせたとき（ゆるめたり、力を入れたり）は、即時に「うまいね」などと伝えるようにした。

・うまく動かせなかったときはその動きを止め、「今のは違うよ」と伝え、適切な動きを支援、指導することで、違いを理解しやすいように伝えた。

・授業の最初と最後に、動きのチェックをすることで、教師と本人が動きの感じや違いを評価しやすいようにした。

※動きのチェック：立位で、腰を左右前後に動かして、動かずに踏ん張れるかを見て、足指・足首の動きや腰の動きを確認する。

・授業後、担任に一番頑張った部分を伝えることで、担任とも成果を共有し、学級生活につなげてもらうようにした。

（3）特に注意して取り組んだ点（肩まわりゆるめを実例として）

・力が入っていると思われる部位に、的確にピンポイントで手を当てるようにした。

・本人の意識が高まるように、部位に手を当てて「ここの力を抜くよ」と伝えた。

・ゆるめる方向へ教師が動きを誘導し、児童Ｉが肩を動かすようにした。上手に動かせたときは即時に「上手だね」と伝えた。

・教師が肩を動かすのではなく、動かす方向や意識すべき部位を正確に伝えてから児童Ｉがその部位を意識して動かすようにした。

・緊張をゆるめた後に肩を正しく動かすことで、正しい動きを覚えられるようにした。

<全体を通して工夫した点>

・指導プログラムの順番について配慮をした。表3の1～7までの指導プログラムを順番に取り組むことで、動きの積み重ねができ、最終的な立位の安定や階段歩行の安定につなげていった。

（4）児童の変容過程

	実態	取り組みはじめ	1～2カ月後	1年後
1	座位（あぐら座位・椅子座位）で、背中が前傾している。	あぐら座位を保持することが難しかった。	最初の数分保持できるようになってきたり、教師が背中を伸ばすように手を当てて伝えたりするだけで、伸ばすことができるようになってきた。	あぐら座位をとったときに、軽く背中を伸ばすように触れたり、言葉で伝えたりすることで、背中を伸ばした姿勢で座れるようになってきた。
2	肩まわりに緊張が入り、肩が上がったり、前方に入ってきたりしている。	肩（特に肩甲骨上付近）に強い緊張が入っていることがあり、触れることを嫌がり、動かしづらかった。	緊張している部位に指を当てて肩を上下・前後に動かしていくことで肩まわりの緊張をゆるめることができるようになってきた。	メニューに慣れ、すぐにゆるめることができるようになった。下げる動きと後ろに動かす動きにはかたさが残ることもあった。
3	足指・足首に緊張が入り、足指を上手に使うことができない。	足指を握り、足指だけを使っており、足全体を使った動きがうまくできなかった。	足指の緊張がゆるみ、足指を伸ばして足裏がリラックスでき、床に足裏がつくようになってきた。	足指や足首にほぼ、緊張が見られなくなってきた。日によって、足指の緊張が見られるが、すぐにゆるめることができるようになった。
4	股関節に緊張が入り、腰が引けた姿勢になってしまったり、腰を上手に動かせなかったりする。	自分から腰を上げる動きが見られなかった。教師が動きを誘導しても腰が上がらないことがあった。	毎回10秒間を3回ずつ取り組むようにした。床から尻を上げる最初の動きを教師が支援することで動きに慣れ、自分から腰を上げる動きが見られるようになってきた。	言葉を掛け、尻に触れることで、自分から腰を上げることができるようになってきた。また、10秒間上げた姿勢を保持できるようになってきた。
5	腹臥位で腰が上がった姿勢になってしまう。	臀部に力が入り、腰が浮いた状態（床と隙間が大きい）であった。「おしりのびのび」と言葉を掛けながら取り組むことで、臀部の緊張をゆるめることができるようになってきた。	取り組みはじめと比べると腰の浮き具合が減ってきた。また、腰が上がっていても、すぐに緊張をゆるめることができるようになってきた。	ほぼ、腰が浮いていることがなくなってきている。
6	立位姿勢を保持できない。立位で腰付近を前後左右に押したときに、姿勢保持ができない。	立位姿勢で前に身体を押すと足指を握ってしまう。左右への体重移動が難しく、足を動かしてしまう。片足を上げると倒れてしまうことが多かった。	身体を前に押しても踏ん張ることができるようになり、つま先立ちができるようなった。足指を握ってしまうことも減ってきた。左右への体重移動では、左足には上手に荷重できるようになり、教師の支援で、片足立ちもできるようになってきた。右足への荷重はやや不安定な動きが見られた。	つま先立ちが上手にできるようになり、足指を握ることがほとんどなくなった。左右への体重移動が上手になり、左右差がほとんどなくなった。片足立ちも上手になり、教師が軽く支えるだけで、できるようになった。
7	階段を上るときに、手すりを使ってしまう。膝の曲げ伸ばしがうまくできない。体重移動がうまくできない。1段2歩で上っている。	手すりを使って、あるいは、教師が手をつないで、1段2歩で上ることが多かった。	教師が軽く手を握る支援で、1段1歩で上ることができることが増えてきた。	教師が手をつなぐことで、ほぼ1段1歩で上れるようになってきた。体調が良いときは、肩に力が入り、腕が上がってしまうが、一人で1段1歩で上れることもあった。

４　まとめ

（１）自立活動（時間の指導）の評価

表３のように、どのプログラムも取り組みはじめは、うまく力をゆるめたり、動かしたりすることが難しかったが、工夫点を配慮しながら取り組むことで、緊張の入った部位をゆるめたり、正しい力の入れ方を覚えられたりするようになった。１年間取り組んだ結果、緊張が減り、座位姿勢、立位姿勢も良くなってきた。

10月頃に階段の上りで動きの変容が見られた。取り組みはじめは、教師が手をつないでも１段２歩で上っていたが、以前より上ることに集中し、１段１歩で上れることが増えてきた。２月頃には、調子が良いと一人で１段１歩で上れることもあった。

時間の指導場面のあぐら座位では、骨盤を立て背中を伸ばした座位姿勢をとれるようになってきた。良い姿勢ができていない場面でも、少しの促しで良い姿勢を意識してとれるようになってきた。椅子座位では、本児の意識が高まらず机に伏してしまうことも多いが、取り組みはじめの頃と比べると良い姿勢が増えてきた。

（２）考察

それぞれのプログラムはどれも大切で、一つ一つのメニューが関連付けられており、そのメニューにしっかり取り組むことで、次のメニューに取り組みやすくなる。積み重ねが大事なのである。立位をしっかりとるためには、腰・足指・足首が上手に使え、肩まわりに力が入っていないことが大切で、最終的な姿勢や動きを意識したプログラム構成が良かったと考えられる。また、緊張が入っている部位を適切に伝えたこと、うまくできたときには即時に伝えほめることで、理解が深まり意欲的な取組につながったと考えられる。

（３）まとめ

取り組みはじめと１年間取り組んだ後の指導場面の様子や日常生活場面を観察すると、姿勢が良くなり安定した歩行をしていることが分かった。時間の指導後に毎回担任と自立活動専任との間で指導内容を共通理解し、時間の指導への理解と日常生活へのかかわりをもった指導をしてきたことで、より効果があらわれたと感じている。児童Ｉは、今では時間の指導のプログラムをよく理解しており、教室に入ってくると自分で靴と靴下を脱いでマットに座って挨拶をすることが自然にできるようになった。また、動きが良くなったことで、プログラムを短い時間で取り組めることが多くなった。階段の上りが上手になってきたので、今後は、階段の下りを１段１歩で歩けるような指導プログラムを構成して取り組んでいきたいと考えている。

体全体のぎこちなさの改善を目指した指導
～ラダー*を用いた運動を通して～

全身の各部位を連動させて歩いたり意図的に力を抜いたりすることが難しい生徒が、日常生活の諸動作をスムーズに行うことを目標に、動きを意識して身体全体を動かす運動に取り組んだ。週４日の学習に加え長期休業中も継続して取り組んだことで、動きの巧緻性や筋力の向上、さらには代謝や他者とのかかわりにおいても改善、向上が見られた事例である。

１　対象者の実態把握

（1）対象者の実態

①　障がいの状態と教育歴

生徒Ｊは、現在、高等部３年生で、特別支援学校には小学部１年生から通学している。未熟児網膜症による視力の低下があり、右目は白濁しているが少しは見えていると思われる。左目は眼鏡着用で 0.3 程度である。

②　障がいによる学習上、生活上の困難

自分の名前は書いたり読んだりすることができるが、その他の文字の読み書きはできないため、学習内容等を理解するためには話を聞いたり写真を見たりすることが必要である。一度に覚えられる量が少ないことや聴覚だけでは取り組む内容をイメージすることが難しいことなどから、学習を一連の流れで理解することが難しい。

また、運動経験が乏しく巧緻性が低いため、歩行時に腕が真っ直ぐに伸びず両腕を振って全身を連動させて歩いたり、足を左右交互に使って階段を降りたりすることができない。

筋力がないために自分の意思で「力を入れる」「力を抜く」ことができず、常に肩まわりに力が入っている印象を受ける。また、呼気の調整が難しく、話し声が小さいために会話が聞き取りにくい。

③　これまでの指導経過（高等部入学後）

自立活動の時間は、文字のなぞりや箸の使い方など、手指の巧緻性の向上に向けた取組を中心に行ってきた。全身を使う運動に関しては、週２時間の保健体育の時間を中心に取り組んできた。

→　身体全体のぎこちなさに対する課題（取組）よりも手指の巧緻性の向上の方に意識が向いていた。

（２）指導課題の整理

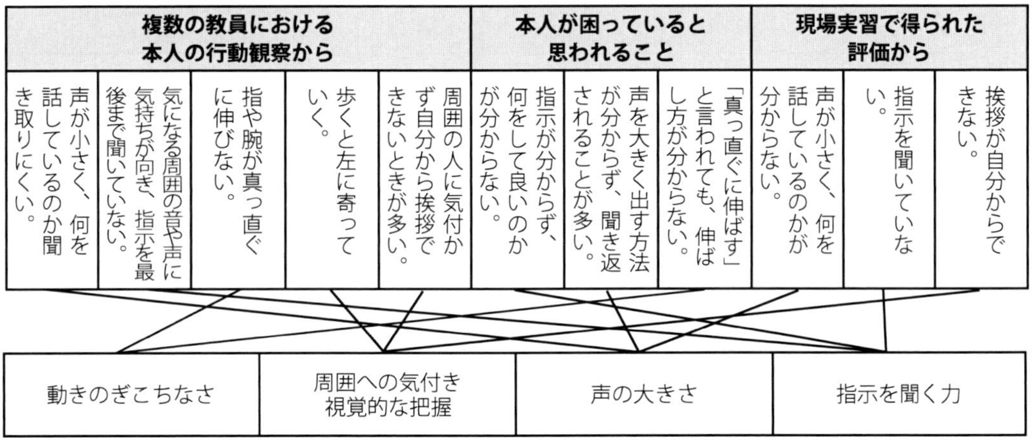

複数の教員における本人の行動観察から					本人が困っていると思われること			現場実習で得られた評価から		
声が小さく、何を話しているのか聞き取りにくい。	気になる周囲の音や声に気持ちが向き、指示を最後まで聞いていない。	指や腕が真っ直ぐに伸びない。	歩くと左に寄っていく。	周囲の人に気付かず自分から挨拶できないときが多い。	指示が分からず、何をして良いのかが分からない。	声を大きく出す方法が分からず、聞き返されることが多い。	「真っ直ぐに伸ばす」と言われても、伸ばし方が分からない。	声が小さく、何を話しているのかが分からない。	指示を聞いていない。	挨拶が自分からできない。

動きのぎこちなさ	周囲への気付き 視覚的な把握	声の大きさ	指示を聞く力

<指導すべき課題>

背　景	・学習内容全体をイメージしながら取り組むことの難しさ ・運動経験の乏しさ ・視覚障害からくる様々な経験不足

現在、高等部３年生ということも考慮

課　題	動きのぎこちなさの改善 視覚的な環境把握力の向上 声の大きさの向上	身体の動きに重点をおいた学習に継続して取り組み、卒業後にも生かせるようにしていく。 ※学習の中で指示理解も取り入れていくようにする。

期待する成果	・身体を動かす学習を積み重ね、自分で意識して全身を動かすことで、身体全体の動きの巧緻性や筋力を高め、日常生活の中の諸動作をスムーズに行うことができる。 ・ラダーを用いた運動を行うことで代謝を促進させたり心肺機能を高めたりし、身体の調子や生活リズムを整えることができる。 ・運動して得られる効果を実感することで、卒業後も自ら身体を動かそうとする意識を高めることができる。

２　個別の指導計画

（１）個別の指導計画作成に当たって

①　指導内容設定の視点

「見て動く」「リズミカルに動く」「身体全体の動きを意識する」「継続して行う」をポイントにする。

②　指導形態

・毎日２校時の自立活動の時間に個別の課題学習として取り組む。

・教員は曜日交代で３人が担当することになるため、取り組む内容を写真で示したり生徒の様子を口頭で伝えたりし、情報の共有に努める。

・自立活動以外の時間でも、学校生活全体として「見る」「身体を動かす」場面を多く設定する。

（2）個別の指導計画

長期目標	運動に取り組み、体力や柔軟性の向上を図ることができる。
短期目標	身体の緊張をゆるめ、呼吸をしっかりとすることで、柔軟性を高めたり大きな声を出したりすることができる。

指導目標	腕や手指を自分で伸ばしたり足を意識して上げたりする。 「見る」意識を高め、よく見ながら行動する。

	健康の保持	**心理的な安定**	**人間関係の形成**	**環境の把握**	**身体の動き**	**コミュニケーション**
選定された項目	(1) 生活のリズムや生活習慣の形成に関すること。 (3) 身体各部の状態の理解と養護に関すること。 (4) 健康状態の維持・改善に関すること。	(2) 状況の理解と変化への対応に関すること。 (3) 障害による学習上又は生活上の困難を改善・克服する意欲に関すること。	(1) 他者とのかかわりの基礎に関すること。 (3) 自己の理解と行動の調整に関すること。	(1) 保有する感覚の活用に関すること。 (2) 感覚や認知の特性への対応に関すること。 (3) 感覚を総合的に活用した周囲の状況の把握に関すること。 (4) 認知や行動の手掛かりとなり概念の形成に関すること。	(1) 姿勢と運動・動作の基本的技能に関すること。 (3) 日常生活に必要な基本動作に関すること。 (4) 身体の移動能力に関すること。 (5) 作業に必要な動作と円滑な遂行に関すること。	(5) 状況に応じたコミュニケーションに関すること。

具体的な指導内容	・ラダー運動に取り組む。 ＜ラダー運動の特性＞ ・一歩の幅が固定されるため、左右のバランスを意識しながら運動をすることができる。 ・視覚的に分かりやすい教材のため、注視しながら運動ができ、終わりの見通しがもちやすい。 ・準備、片付けが容易である。	・ほうきやモップなどの道具を使って掃除に取り組む。 ・校庭や体育館などでランニングを行う。 ・教室移動を素早く行うように促す。	・作業班を立ち作業が多い班（農業・加工班）に変更し、新しい作業技術の習得を促す。
指導形態等	・２校時の自立活動の時間 ・曜日交代で３人の教員が担当 ・体育担当教員にも指導方法や指導内容などについて相談 ・空いている場所を使用	・朝の時間（日常生活の指導）、業間の時間 ・主に担任が担当 ・教室、廊下、校庭、体育館を使用	・月曜日から木曜日の３・４校時の作業学習の時間 ・作業班所属教員が担当 ・畑、生活訓練室を使用

3　指導経過

<table>
<tr><th>時期</th><th>指導内容・工夫した点</th><th>経　過</th></tr>
<tr><td>４月〜８月</td><td>ラダーを用いた運動 
<工夫した点>
・活動の流れを写真で提示した。
・マグネットを置いて、やった回数が分かるようにした。
<指導内容>
・ラダー運動は、①歩行、②横向き（右）、③横向き（左）、④足幅を広げた歩行（前）、⑤足幅を広げた歩行（後）の５種類を行った。
・教師も一緒に行い、足の運び方や体勢のとり方、どこを注視して動くかを確認しながら行った。</td><td>・運動を始めた頃は、ラダーに足を引っ掛けてしまうことが多く、時間内にすべてのメニューを終えることが難しかったが、足元を見て動く習慣が身に付いたことで、つまずかずに取り組めるようになった。
・弱視もあり、後ろ向きに進むことに不安感が大きかったが、教師が後方に立って軽く支えながら言葉掛けをすることで、スムーズに動けるようになった。</td></tr>
<tr><td>９月〜３月</td><td>ラダー等を取り入れたサーキット運動 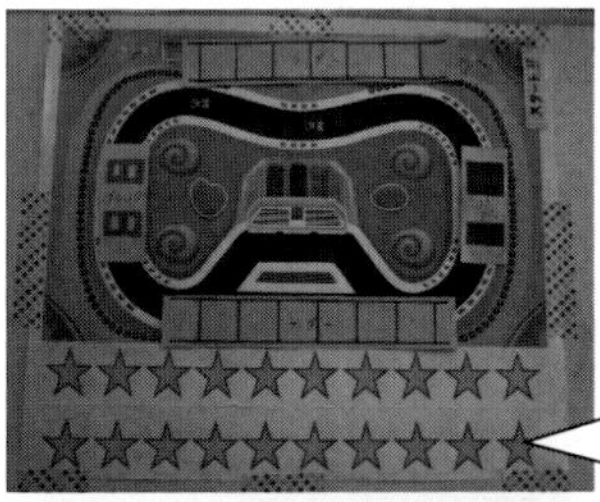 
<工夫した点>
・最初にサーキット運動の流れをボードに貼って提示し、イメージがもてるようにした。
・複数の動きを入れて、楽しく運動ができるようにした。
<指導内容>
・ラダーとラダーの間に巧技台やミニハードル等を置いて、段差や障害物を意識できるようにした。慣れてくるとボール投げやスクワット等も入れながら、複雑な動きもできるようにした。
・前進だけでなく、横向きや後ろ向きの方向でも行い、徐々に難易度を上げていった。</td><td>・事前に流れをボードで確認し、準備や片付けも自分で行ったことで、運動のバリエーションが増えても、戸惑わずに運動することができた。
・次時に行いたい運動を、自分から提案してくることも増え、周囲の人にできるようになった動きを報告する姿も見られるようになった。
・体育や作業学習（農業・加工班）において、身体の動きや畑での農作業がスムーズに行えるようになり、意欲的に参加するようになった。</td></tr>
</table>

時期	指導内容・工夫した点	経　過
長期休業中	<夏季休業中> <冬季休業中> <工夫した点> ・一人でも意欲的に運動ができるよう、好きなテレビ番組の写真をボードに貼り、その主題歌を入れたCDを作成し、運動の切り替えを音楽でできるようにした。 ・休みに入る前に、教師と一緒に練習し、スムーズに休業中の運動に移行できるようにした。	・休業中は、決まった時間に自分から進んで運動を行っていた。家族からの励ましの言葉掛けもあり、意欲的に継続して体を動かすことができた。 ・長期休業明けは、学校生活の軌道に乗るまで時間がかかったが、運動を持続していた効果もあり、体重の変動や意欲の低下は見られなかった。
	<指導内容> ・長期休業中でも運動不足にならないよう、狭いスペース（1畳程度）でできる運動メニューを提示した。 ・運動の内容は、①ペットボトルまたぎ（冬季はブロックを使用）、②椅子スクワット（冬季はダンベルを持ちながら）を交互に2セット、間に休憩を入れながら、好きな曲に合わせて運動できるようにした。	

4　まとめ

（1）指導の結果と考察

①　動きのぎこちなさについて

結果	考察
○身体の動きに巧緻性が見られるようになった。 ・腕が真っ直ぐに伸びるようになり、背伸びをして高い所に物を引っ掛けられるようになった。 ・両腕を交互に自然に振れるようになった。 ・階段を一段ずつ降りられるようなった。	・毎日継続して身体の動きを意識した運動に取り組んだことで、効率の良い身体の動かし方が分かってきた。

②　視覚的な環境把握について

結果	考察
○歩行時に左に寄ってきていたが、「よく見て」という言葉掛けで気付き、自分で方向を修正することができるようになった。 ○興味があまりなかった周囲の様子も意識できるようになり、周囲で起こっている様々な出来事に気付き、自分から挨拶ができるようになった。	・聴覚に頼って行動していた部分が多かったが、ラダー運動などを通して「見る」という意識が高まり、それが周囲への気付きへとつながった。

③　声の大きさについて

結果	考察
○声の出し方が分かってきたのか、挨拶や返事等、大きな声で言えるようになった。	・身体全体の巧緻性や筋力が高まり、呼吸の仕方や口の開け方の理解にもつながった。

④　その他の部分について

結果	考察
○「息を切らす」「汗をかく」「自分から水分を欲する」などの様子が見られるようになり、表情も明るくなった。 ○夜は早く布団に入り朝までぐっすり眠るようになるなど、生活リズムが整ってきた。	・運動量が増えたことで新陳代謝が活発になり、血行が良くなった。 ・「疲れる」ということを実感できるようになった。
○特定のことにしか興味がなく会話の内容が狭かったが、興味・関心の幅が広がってきた。	・「見る」という気持ちが高まったことが周囲への気付きにつながり、興味・関心の幅が広がると同時に、周囲からの働き掛けを受け入れる心の余裕も出てきた。
○自分なりのこだわりから相手の提案をなかなか受け入れられなかったが、教師のアドバイスを素直に受け入れるようになるなど、許容範囲が広がってきた。	

（2）まとめ

身体の動きに着目し、視覚的な環境把握も合わせて取り入れながら「ラダー運動」に毎日継続して取り組んだことで、身体の動きの巧緻性や環境把握力に向上が見られ、「代謝」「興味・関心」「他者とのかかわり」などその他の面においても改善、向上が見られた。手指の巧緻性など、細かい動きに着目した指導はこれまで継続して行ってきたが、それ以上に身体全体を大きく使った粗大運動の経験と積み重ねが動きの基礎となるボディイメージを育て、その結果、「微細な動き」や「見る力」といった他の機能の向上にも大きく影響していくことを確認することができた。

また、今回の指導は２校時に帯状に設けられた自立活動の時間を中心に行ったが、それ以外の日常生活の指導や作業学習などの時間においても、自立活動の目標を意識しながら指導を行ったことで、生活全体の質の向上につながったと考える。

さらに、ケース会議等を通して、複数の教員で対象生徒の実態を捉え、課題を洗い出して目標を設定し、チームで共通理解をもって取り組んだことや、日々必要に応じて、授業の様子を振り返り、教員間で生徒の成長を確認し合ったことが、結果として本人の意欲を引き出し、指導の向上にもつながったと感じている。

＊ラダー：ひもがはしご状に固定されたトレーニング用の道具。はしご状のます目を様々なステップでまたぐ運動を繰り返すことで、筋肉の使い方を覚えたり、バランス感覚を養ったりすることができる。

第6章　コミュニケーション　<事例①>

絵カードやICT機器によってコミュニケーションの改善を目指した指導

要求がうまく伝わらないときに、大きな声を出して怒ったり、不快感を行動で示したりする児童に対し、独自のアセスメントシートを用いて指導課題を明らかにし、児童の特性を活かした目標設定をした。話し言葉の代替手段となる絵カードやICT機器について、スモールステップで理解を促すことで、それらを使った要求が増えてきた事例である。

1　対象者の実態把握

（1）対象者の実態

児童Ｋは、小学部５年生の自閉症スペクトラムを伴う知的障害児である。思い付いたことに対してすぐ行動を起こす衝動的な面はあるが、絵や写真などを用いて本人が理解できるように説明すれば、急な予定変更でも受け入れられる柔軟さをもち合わせている。しかし、自分が理解した通りにならなかったり、要求がうまく伝わらなかったりするときに、大きな声を出して怒ったり、教師に対して不快感を行動で示したりする生活上の困難さが見られていた。

（2）指導課題の整理

児童Ｋが抱えている生活上の困難さである「自分が理解した通りにならなかったり、要求がうまく伝わらなかったりするときに、大きな声を出して怒ったり、教師に対して不快感を行動で示したりする」ことの要因を探るべく、本校で作成し、活用している「人と関わる力 評価シート」（図１）を使い、複数の教職員で話し合い、指導課題を明らかにすることにした。

人と関わる力 評価シート（各項目）

児童氏名　　　　記入学年　５年

○「人間関係の形成」について

(1)　他者との関わりの基礎に関すること。

人に対する基本的な信頼感をもち、他者からの働き掛けを受け止め、それに応じることができる。

Keyword：人への関心　　関連：コミュニケーション(1)(2)

項目	評価 年度始	評価 年度末	具体的な様子
① 好きな関わりがある (例)　相手に合わせ一緒に踊る。遊ぶ。	3	3	くすぐり、抱っこ、歌い掛け等 スキンシップを好む。抱っこ、おんぶ、肩車、追い掛けっこなど。
② 担任と関わりをもてる。 (例)　人の顔を見て笑い掛ける。 人の顔を見て話し掛ける。 手をつないで一緒に歩く。 握手などのスキンシップに応じる。	3	3	どんな関わりでどんな反応が、受動、他動 担任とスキンシップをとろうとする。スキンシップは抱きつく、おんぶを要求するなど。なんとか意思を伝えようとする姿も見られる。
③ 担任以外の大人でも関わりをもてる。	3	3	誰と、どんな風に デイサービスの職員とも教師とそう変わらない関係を築けているように見える。
④ 友達との関わりがもてる。	1	1	誰と、どんな風に、受動、他動 促されれば手を繋ぐ。一緒に活動する。
⑤ 自分から人に働き掛ける。	2	2	誰に、どんな風に 絵を指差して、伝えようとする。怒りを腕をつかんで伝える。「おかわり」と言葉で要求する。要求があるときには働き掛ける。
合計	12	12	この内容の最高点：15点

図１　「人と関わる力 評価シート」（一部抜粋）

この「人と関わる力 評価シート」は、自立活動のうち「人と関わる力」として「人間関係の形成」「コミュニケーション」

の２分野に焦点を当て、評価する項目を細かく設定したシートである。シートのねらいとしては、児童の実態を教職員間で確実に引き継いだり、年間での変容を評価したり、複数の教職員の視点で話し合うことで、より客観的な評価ができるということがある。

実際に「人と関わる力 評価シート」を用い、児童Kの「人と関わる力」を評価すると、話し言葉が苦手であるため「言語の形成と活用に関すること」の評価点の割合が低くなるのは予想されたが、それ以上に「コミュニケーション手段の選択と活用に関すること」の評価点の割合が低いことが分かった（図２）。このことから、児童Kが大声で叫んだり、教師に対して爪を立てたりするという行動をする背景には、「話し言葉で意思を伝えることが困難である」ということがあるのではないかと仮説を立てた。また、過去の担任より、本人が言葉を用いて要求できるように指導を行ったが、なかなか定着しなかったという事実があったことを聞いた。このことからも、児童Kが要求を伝えるに当たり、話し言葉以外の手段が必要であることが分かった。

人と関わる力 評価シート（一覧）

○　「コミュニケーション」について

指導項目	各学年の評価 1年	2年	3年	4年	5年	6年	項目の最高点
(1)　コミュニケーションの基礎的能力に関すること。 障害の種類や程度、興味・関心等に応じて、表情や身振り、各種の機器などを用いて意思のやり取りが行えるようにする。					22		24
(2)　言語の受容と表出に関すること。 話し言葉や各種の文字・記号表を用いて、相手の意思を受け止めたり、自分の考えを伝えたりする。					31		45
(3)　言語の形成と活用に関すること。 事物や現象、自己の行動等に対応した言語の概念の形成を図り、体系的な言語を身に付ける。					②		9
(4)　コミュニケーションの手段と活用に関すること。 話し言葉や各種の文字・記号、機器等のコミュニケーション手段を適切に選択・活用し、コミュニケーションが円滑にできる。					③		18

図２　「人と関わる力 評価シート（評価点一覧）」（一部抜粋）

話し言葉以外の代替手段を考える上で、児童Kは絵や写真に対する理解が高く、急な予定変更などでもそれらを活用すれば受け入られる姿が見られていた。そのため、児童Kにとって絵カードやタブレットPCのVOCAアプリといったICT機器などの「コミュニケーションツール」を活用することが有効であると考えた。

2　個別の指導計画

（1）個別の指導計画の作成に当たって

５月初旬に行われる個人懇談会で、保護者と児童Kの実態を話し合い、「コミュニケーションツールを使い、自分の意思を伝えることができる」という長期目標を設定した。これを基に以下の個別の指導計画を立案した。

（2）個別の指導計画

実践１　絵カードでのやりとりの方法を知ろう（５月～７月）

<ねらい>

絵カードを見たり、渡したりして簡単な意思のやりとりができる。

写真１　コミュニケーションボード

＜手立て＞

コミュニケーションボード（写真1：絵カードとクリップボードに面ファスナーを貼り、簡単に絵カードを着脱することができる）を用いて指導を進める。絵カードは児童が片手でも扱いやすい大きさを考慮し、4 cm 角で作成した。

使用する絵カードは、課題ができたことを報告する「できました」、休憩時間を表す「きゅうけい」、活動の終わりを表す「おしまい」に加え、児童Kが休憩時間によく使っている「絵本」「ブロック」「タブレット PC」などを採用し、あまり多くなり過ぎないようにした。

指導を進める際には、まずは教師から積極的に絵カードを提示しながら働き掛け、児童Kが絵カードと実際の行動や具体物を結び付けられるようにした。児童Kが次に絵カードを自ら提示してきたら、なるべくその要求を受け入れ、かなえるようにした。このように、絵カードを提示したら要求が伝わる体験を積み重ねることで、絵カードでのやりとりができるようにした。

実践2　たくさんの絵カードや ICT 機器を使いこなそう（9月～2月）

＜ねらい＞

様々な絵カードや VOCA アプリについて理解し、使いこなして意思のやりとりができる。

＜手立て＞

実践1で使用した絵カードに加え、児童Kが学校生活の中で行う要求を想定し、様々な絵カードを作成した。作成した絵カードは A5 サイズのバインダーにまとめて「コミュニケーションブック」（写真2）というツールとし、児童机の横のフックにかけていつでも使えるような環境を整えた。また、上記の指導と並行してタブレット PC の VOCA アプリ（写真3）を活用し、絵カードの代替手段としての機能があることにも気付かせた。タブレット PC については、カメラ機能があり、即時に絵カード化することが可能であるので、活用しながら児童Kの理解を深められるようにした。

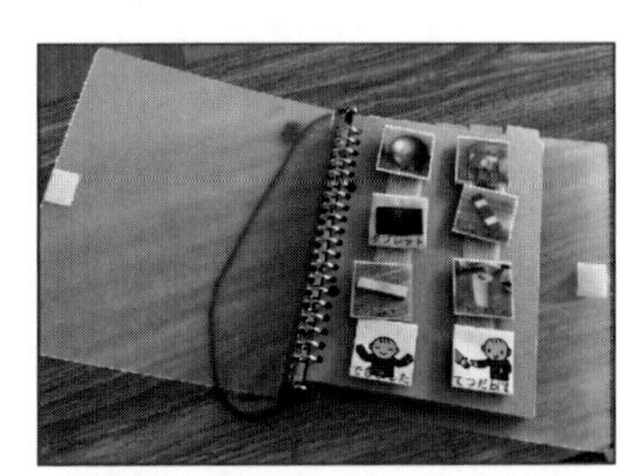

写真2　コミュニケーションブック

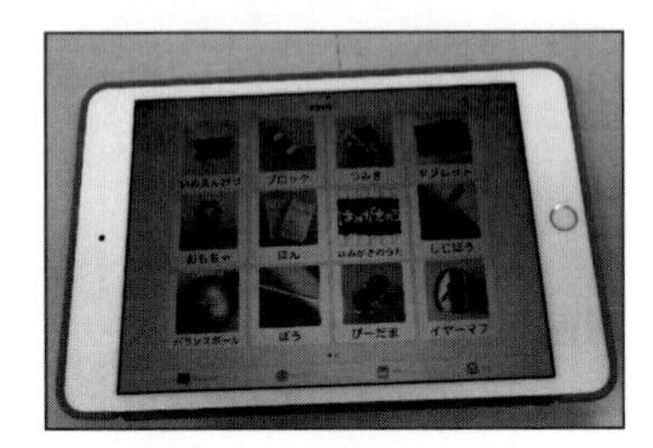

写真3　VOCA アプリ

以上の二つの実践については、学校教育全体で機会を捉えて指導を行った。なお、教科の指導においても、国語科では絵カードに記載してある文字の学習を通じて理解を図ったり、音楽科で楽器を選ぶときや図画工作科で用具を選ぶときに絵カードを用いたりすることで指導につながりをもたせた。また、本指導については指導の一貫性を保つため、担任とのやりとりを中心に進めた。

3　指導の経過

実践1　絵カードでのやりとりの方法を知ろう（5月～7月）

写真4　机上に貼った絵カード

最初に休憩時間に入る前に教師が必ず「きゅうけい」のカードを示してから休憩時間とすることから実践を始めた。次に、児童Kが教師の手や腕を引っ張り、欲しい物の前まで教師を連れていったときに、対応する絵カードを見せて「絵本だね」と確認し、絵カードとの対応をはかった。また、机上の右隅に面ファスナーを貼り、「できました」のカードを常置し、各教科で取り組む課題を終えたら教師に手渡すということにも繰り返し取り組んだ（写真4）。

5月の段階では、児童Kが自発的に絵カードを使う行動が見られず、教師が提示した絵カードを見たり、促されてから教師にカードを手渡したり、確認するように絵カードをトントンと指差したりする程度であった。

6月に入り「歯みがき頑張り週間」というイベントが開催された。イベントの取組として、給食後にタブレットPCで歯磨きの手本動画を見ながら自身の歯磨きをする取組をしていた。児童Kはこの動画をとても楽しみにしており、意欲的に活動していた。イベントが終わり、歯磨きの動画を見ることもなくなったある日、児童Kが給食後に何かをしきりに探すような姿を見せた。児童Kの意図をはかりかねた担任は、何かを探す児童Kの様子をしばらく観察していたが、急に児童Kは何かに気付いた様子でコミュニケーションボードに駆け寄り「タブレットPC」の絵カードを手に取った。絵カードを手にした児童Kはすぐさま担任に駆け寄り手渡してきた。そこで「もしかして歯磨きの手本動画が見たいのかもしれない」と考え、タブレットPCを使い、歯磨きの手本動画を再生すると、児童Kは急いでコップに水を注ぎ、歯磨きを始めた。

7月になると「本」「ブロック」などが欲しいけれど見当たらないときには、コミュニケーションボードから該当のカードを取り、積極的に教師に手渡す姿が見られるようになった。その一方で具体物ではない「できました」「きゅうけい」といった動作を示すカードは、自ら教師に渡すことは少なかった。しかし、これまでの実践において、コミュニケーションボードの絵カードを使うことで、要求が伝わることは理解できているように感じた。

実践2　たくさんの絵カードやICT機器を使いこなそう（9月～2月）

児童Kが学校生活でよく使うと考えられるものを絵カードとして、コミュニケーションブックに随時追加しながら実践を進めた。しかし、実践1で使用した絵カードを使うことが多かったり、登校後すぐに渡すのみになっていたりとルーティン化された行動になっているような様子が見られた。タブレット PC に関しても、休憩時間に遊びの道具として使っていた場面があったため、コミュニケーションツールというよりは単なる遊び道具となってしまっていた。そこで、実践 1 と同じように新たな絵カードを追加したときは、児童 K に対して絵カードと具体物を合わせて提示して対応できるようにしたり、タブレット PC を休憩の時間には使用せず、あくまでコミュニケーションツールとしてのみに使うようにしたり、教師から積極的に VOCA アプリを提示してアプリ内の絵カードを選択させるように働き掛けたりと、指導方法を修正した。

そのような指導を続けていくうちに、給食のときにお茶をこぼした児童 K が、それを拭こうとペーパーを探したが、近くにペーパーがないという場面に遭遇した。児童 K は周りを見渡してペーパーがないことを確認すると、コミュニケーションブックを開き、「ペーパー」の絵カードを取り、担任に渡してきた。今まで「ペーパー」の絵カードを使うことがなく、理解しているかどうかが不明であったのだが、この一件で児童 K は絵カードについて多くのことを理解しており、必要な場面になれば使用できることが分かった（写真 5）。

写真５　絵カードで手に入れたペーパーでこぼれたお茶を吹く児童Ｋ

タブレット PC の VOCA アプリについても、教師から積極的に選択を求めるだけではなかなかコミュニケーションツールとしての役割が定着していかなかった。そこで、コミュニケーションブックにはない、タブレット PC の VOCA アプリでのみ要求できるものをいくつか設定し、働き掛けることにした。すると、欲しい物があってもコミュニケーションブックを使って要求することができないため、教師がいつもタブレット PC を入れているかばんをトントンとたたいてタブレット PC を使いたいことを表現してくる姿が見られるようになった（写真 6）。タブレット PC を要求された後に、教師が VOCA アプリを起動し、「何のご用事かな」と尋ねて提示すると、要求物を選んで伝えることができた。繰り返していくうちに、タブレット PC を遊びの道具としてではなく、コミュニケーションツールの一つとして理解でき、扱えるようになってきた。

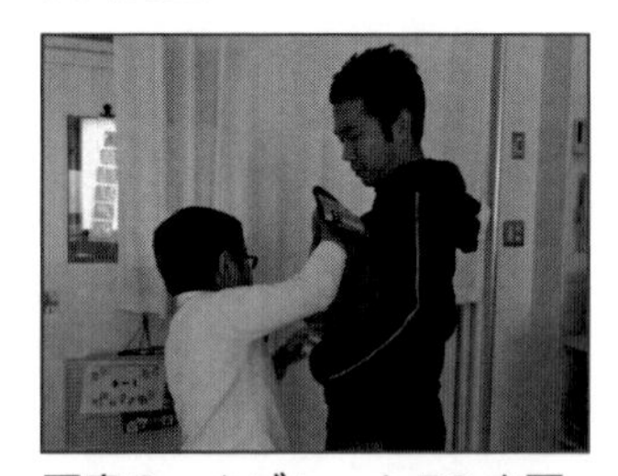

写真６　タブレット PC を要求する児童Ｋ

4　まとめ

（1）指導の結果と考察

実践 2 の期間を 9 月から 11 月の「前半」と 12 月から 2 月までの「後半」という二期に分け、絵カードや VOCA アプリを使用した記録をまとめた（表 1）。すると前半の期間に比べ、後半の期間では約２倍もの回数で絵カードを提示していた。児童Ｋは担任以外の教師にも絵カードを提示するようになり、他の教師から「何を伝えたいか分かりやすくなりました」と聞くことが増えた。また、年度末に「人と関わる力 評価シート」を使い、児童Ｋの実態を再評価したが、「コミュニケーションの手段と活用に関すること」の項目において、評価点（18点満点）が３点から７点まで増加した。児童Ｋは絵カードやICT機器を使ってやりとりするなかで、自分の意思を伝えられることが増え、大きな声を出したり、教師に対して爪を立てたりすることが減少した。児童Ｋの特性に合わせ、絵カードやICT機器を活用した話し言葉の代替手段となるコミュニケーション手段を指導することは、児童Ｋが抱えていた生活上の困難さを改善していく上でとても有効であった。

表１　絵カード・VOCAアプリ使用の記録

絵カード名	9～11月		12～2月	
	提示回数	うちVOCA回数	提示回数	うちVOCA回数
本	20	(0)	14	(0)
積み木	17	(0)	14	(0)
ブロック	15	(0)	14	(0)
タブレットPC	14	(0)	20	(2)
できました	6	(0)	5	(0)
バランスボール	0	(0)	29	(2)
棒	0	(0)	20	(11)
おもちゃ	0	(0)	10	(3)
歯磨き動画	0	(0)	9	(2)
ペーパー	0	(0)	3	(1)
イヤーマフ	0	(0)	3	(1)
多目的室3	0	(0)	2	(1)
合　計	72	(0)	143	(23)

（２）まとめ

本校では重複障害学級以外の教育課程には、時間を特設しての自立活動の指導は含まれていない。そのため、指導目標を立て、様々な教科と関連付けながら機会を捉えて指導を継続していくことは非常に重要である。また、本実践においては「般化」について大きな課題が残った。特にタブレットPCについては、学校の物品を使用しており、破損の恐れから常に児童Ｋが持ち運んで使用することは難しかった。教師が所持し、必要に応じて使うという方法では、多くの絵カードを持ち運ぶ必要がないタブレットPCの利便性を損なってしまっていた。実践を進めるに当たり、家庭でも同じVOCAアプリを使用できるように保護者と連携したが、本人が常にタブレットPCを持ち歩ける環境をつくるのは難しかった。児童Ｋが自由に使えるタブレットPCを持てるような環境整備が進むと児童Ｋにとってさらに生活しやすくなると感じた。

第6章　コミュニケーション　<事例②>

音声と身振りを用いて自分の思いを伝えることを目指した指導 ～二者相互のやりとりを通した学習の成果～

人とかかわることが好きだが、言葉が不明瞭で自分の思いが他者に伝わりにくい生徒2人の相互のやりとりを通したコミュニケーションの授業であり、個々の発声や構音指導だけでなく、二者相互のやりとりにより、効果的な指導につながった事例である。

1　対象者の実態

（1）対象生徒の実態

対象生徒Ｌ、生徒Ｍは、中学部のダウン症候群の生徒である。生徒Ｌ、生徒Ｍ、それぞれの実態は、以下の通りであった。

生徒Ｌ　人とかかわることが好きで、好きなお笑い芸人のまねをしたり、好きなスポーツチームの話をしたりすることが好きな生徒であった。簡単な言葉でのやりとりはできるが、発音が不明瞭で早口であるため他者に思いが伝わりにくい。アセスメントとして構音検査を実施し、サ行音がシャ行音にラ行音がダ行音への置換が見られること、音に対応した口形がとれず、口がほとんど動かないまま発音しているという特徴が見られた。また、姿勢の特徴として椅子座位の姿勢では腰が後方に引けており、円背になっていた。

自立活動専任の教師（以下、専任）の気付きと担任の考えが一致し、保護者のニーズを確認して、専任による抽出授業を始めることとなった。保護者のニーズは、「しっかりと言葉に出して話すことで、自分の思いを言葉で話せるようになってほしい」というものであった。

生徒Ｍ　人とかかわることが好きで、教員や友達のまねをしたり、ダンスを踊ったりすることが好きな生徒であった。簡単な言葉でのやりとりはできるが、不明瞭なところもあるため他者に思いが伝わりにくい。アセスメントとして構音検査を実施し、タ行音やサ行音での置換が見られること、話し始めの言葉の出しにくさや、語頭音の子音が抜けやすく、特にハ行音が母音化する特徴も見られた。また、姿勢の特徴として椅子座位の姿勢では腰が後方に引け、円背になっていた。専任の気付きと担任の考えが一致し、保護者のニーズを確認して専任による抽出授業を始めることとなった。保護者のニーズは、『他者から声を掛けられたとき「ん？」と聞き返して反応することが多いため、適切に自分の思いを言葉で返せるようになってほしい』というものであった。

生徒Ｌと生徒Ｍは共に発音が不明瞭ながら言葉でのやりとりはできていた。また、身振りも使えるが、身振りと発声を同時に表出することは難しい様子だった。

（2）指導課題の整理

生徒Ｌについては、発声時に正しい口形をとること、舌や口唇の動きの難しさ〈コミュニケーション (2) 言語の受容と表出に関すること〉、姿勢保持の難しさ〈身体の動き (1) 姿勢と運動・動作の基本的技能に関すること〉が見られた。このことから「口腔機能の改善の指導」と「姿勢改善の指導（腰を立てた楽な座位姿勢）」を課題とした。

生徒Ｍについては、語頭音の出しにくさや、舌や口唇の動きの難しさなど（コミュニケーション (2) 言語の受容と表出に関すること）機能としての課題が見られた。このことから「口腔機能の改善の指導」と「語頭音をスムーズに出せるようになる指導」を課題とした。

生徒Ｌと生徒Ｍの両方の生徒に対して、他者に自分の思いを伝えるためのツールが不十分という課題〈コミュニケーション (5) 状況に応じたコミュニケーションに関すること〉が見られた。改善には、以下の三つの方針を設定した。

①構音や口腔機能の改善を図り、発音の明瞭度を上げること。
②発声に身振りを対応させて使い、身振りをコミュニケーションの補助手段とすること。
③やりとりを楽しむことを通して、コミュニケーション力を上げること。

2　個別の指導計画

（1）個別の指導計画の作成に当たって

毎週１回、自立活動の時間に、自立活動室に抽出して、専任による小グループでの指導を行った。

（2）個別の指導計画

■生徒Ｌの個別の指導計画（抜粋）

長期目標（年間） ① -1…発音するときに、正しい姿勢を保持することができる。 ① -2…ラ行音を含む単語（ライオン、ロボットなど）を手打ち動作に合わせて口形を意識してゆっくりと発音できる。 ②③ -1…２語文、３語文の文章を言葉や身振りを用いて伝えることができる。
短期目標（１学期） ・あぐら座位姿勢の中で腰を立てた姿勢を保持することができる。
短期目標（２学期） ・口形に注意してラ行音を含む３～５音節の単語を発音することができる。
短期目標（３学期） ・会話スキル学習において、言葉や身振りを用いて他者とやりとりを楽しむことができる。

■生徒Mの個別の指導計画（抜粋）

長期目標 ① -1…口腔内動作をコントロールする力（舌の動き、呼気のコントロール）を高めることができる。 ① -2…タ行音、サ行音を含む４～５音節の単語をゆっくりと発音することができる。 ②③ -1…身振りサインをつけながら一音一音ゆっくりと発音することができる。
短期目標（１学期） ・笛の吹き分け課題において、音の大小、長短を吹き分けることができる。
短期目標（２学期） ・サ行音を含む４音節までの単語「しんぶん」「かすてら」等を省略することなく発声することができる。
短期目標（３学期） ・会話スキル学習の中で、言葉とともに身振りを用いて他者に伝えることができる。

■指導内容

	生徒Lの指導	生徒Mの指導
1	・体操（姿勢改善） 「良い姿勢をして」と言うと胸をはり、背中を反るような姿勢を取っていたが、教員が腰を立てるようにからだを通して援助すると安定した座位姿勢ができるようになった。 腰を立てた姿勢を取るようになることで、肩や首や口などに入れていた余分な力が抜けて、発声や身振りの行いやすい姿勢づくりを行うことができた。 写真１　姿勢づくりの様子	・口の体操（口形模倣・舌の動き） 口を動かすことや、口形を意識すること、舌を動かすことなど「口の体操」という名目で課題に取り組んだ。教員の口形や舌の動きをタブレット型端末で撮影しておき、見本として生徒に提示する。生徒はタブレット型端末のカメラアプリを利用し、自分の口形を映し出し、自己確認ができるようにした。見本の口形とタブレット型端末の画面上に映る自分自身の口形が一致するときは自分で撮影するように指導した。 図２　口形のモデル学習の様子
2	・口の体操（口形模倣）	・体操（姿勢改善）
3	・口の体操の振り返り（生徒Lと生徒Mが同時に行う学習） 口の体操の様子を録画したタブレット型端末を利用し、画像で視覚的にも分かりやすく、自分の活動を振り返るようにした。また、生徒Lと生徒Mが相互に評価しあい、モチベーションの向上につなげた。	

<table>
<tr><td>4</td><td>・吸う・吹く（生徒Lと生徒Mが同時に行う学習）
（紙風船を膨らます、笛を吹く、紙の吸い上げ、風車をまわす、ストローで飲み物を飲む等）
「吸う・吹く」の課題では、個々に応じた課題に取り組んだ。双方で競い合ながら行うことで苦手な課題にも積極的に取り組む様子が見られた。
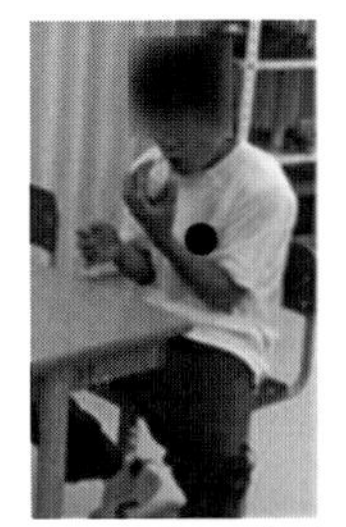
図３　紙風船を膨らませる様子

写真４　笛を吹く様子

図５　紙の吸い上げをしようとする様子</td></tr>
<tr><td>5</td><td>・カード（生徒Lと生徒Mが同時に行う指導）
カルタ形式で読み上げた言葉を見つけて、カードを取り発音させた。カードを並べる際に、置換しやすい音のある単語と自信をもって発音できる単語をそれぞれの生徒の近くに混ぜて配置した。
これにより、苦手な音の言葉だけを発することはなく、楽しんで継続して課題に取り組むことができた。また、発音するときは、手打ち動作とともに発音するようにした。一音ずつを意識して発音できることや動きとともに言葉を出す練習につながった。

写真６　単音のリズム打ちの様子</td></tr>
<tr><td>6</td><td>・身振りと言葉（生徒Lと生徒Mが同時に行う指導）
「カード」の課題で獲得したカードの単語に対して、身振りを用いて発音する課題に取り組んだ。身振りは、生徒それぞれが使っているものを尊重し、身振りと一緒に発音することを心掛けた。発音のときには口形を意識して話すようにも心掛けた。

写真７　言葉と身振りを対応させる様子</td></tr>
<tr><td>7</td><td>・会話スキル学習（やりとり）
日常場面を想定してロールプレイ（給食のおかわり場面など）を行い、その中で自分の要求の伝え方の学習を行った。生徒L、生徒Mと教師の３人で役割交代しながらロールプレイを行った。教師がはじめに見本を見せてから、生徒L、生徒Mそれぞれ「話を聞く側」と「話をする側」に分かれて行った。「話をする側」のときは、言葉とともに身振りを使い、手で丸の形を作ったり、両手を広げたりなど相手に伝わりやすいように工夫した。

写真８　生徒Lから教師へ話し掛ける様子

写真９　生徒Mから教師へ話し掛ける様子</td></tr>
</table>

3　指導の経過

■1学期（主に各生徒の個別課題に力を入れて取り組んだ段階）

生徒L	生徒M	グループ指導
・(姿勢づくり) 徐々に腰に力が入り、腰を立てて背筋を伸ばす座位を一人でとれるように指導した。 ・(吸気の課題) 姿勢の変化に伴い、吸う力が高まってきた。	・(笛課題) 呼気を調整できるよう笛等を使った指導に時間をかけた。呼気の長短や大小の吹き分けができるようになってきた。	生徒L、生徒Mそれぞれの課題を中心に行い、グループ指導は短時間で行った。

■2学期（個々の課題の成果が見られてきたため、グループ指導に移行した段階）

生徒L	生徒M	グループ指導
・(口形模倣) 音に合わせた多様な口形をとることができてきた。 ・(音声＋身振りの一致) 手打ち動作とともに発声することができるようになってきた。	・(はっきりと話す) 明瞭性を意識して、一音一音ゆっくりと話したり、言葉を省略したりせずに相手に伝えることを指導すると、会話の明瞭度が向上してきた。	・(カード、会話スキル学習) 双方のやりとり場面を設定すると意欲的に取り組むことができた。さらに相手の発する言葉に対してお互いが評価をして認め合うことができてきた。

■3学期（個々の指導よりもグループ指導を中心に行った段階）

生徒L	生徒M	グループ指導
・１学期・２学期の課題を短時間で取り組んだ。	・１学期・２学期の課題を短時間で取り組んだ。	・(カード・会話スキル学習) ・やりとり場面を楽しみながら、相手に自分の思いを伝えようと積極的に話すようになってきた。 ・聞き直されたときに他者に伝わりやすいように、カードを使うなど工夫して話す場面も見られてきた。

4　まとめ

（1）指導の結果と考察

方針の①構音や口腔機能の改善を図り、発音の明瞭度を上げる課題については、以下のような変化が見られた。

・構音に関して、生徒Lは音が置換しやすいサ行音やラ行音を発音するときに、一音ずつ読むことを意識することで、正しく発音することができるようになった。生徒Mは音の置換しやすいタ行音やサ行音、母音化しやすいハ行音などは生徒L同様に一音ずつ読むことを意識することで、発音することができるようになった。
・呼気や舌の動きに関して、生徒Lは「吸う・吹く」の課題では、紙風船を膨らますときに口をすぼめて、穴に空気を入れやすいように工夫して膨らますことができるようになり、対象に応じて吹く量も調整することができるようになった。生徒Mは提示された笛の大小を吹き分けることができるようになり、呼気を調整できるようになってきた。また、生徒L生徒M共に、ストローを使い、一定時間紙を吸い上げることができるようになるなど、呼吸の調整や口腔内の機能が高まり、発音の明瞭度が上がった。
・生徒Lの姿勢に関して、自ら腰を立てて座位の姿勢をとることができるようになったことで首や肩や口に入っていた力が抜けて言葉を発しやすくなったうえ、身振りをしやすくなり、課題に取り組みやすい姿勢づくりを行えるようになった。

方針の②発音と身振りの活用と③やりとりの楽しさを通してコミュニケーション力を上げる課題においては、以下の変化が見られた。

・会話スキル学習を通して、生徒L生徒Mのやりとりの中で、言葉と身振りを同時に表出することで、他者により伝わりやすくなった。
・自分から相手にアクションを起こす場面が増え、他者に自分の思いが伝わることで生徒L生徒Mは共に自信をもてるようになった。
・伝わらず再度伝え直すときに、生徒Lは意図的にゆっくり話すことや口形をはっきりとること、生徒Mは一音ずつ身振りをつけて話すことなど、自ら工夫して他者に伝えようとする様子が見られた。

これらの結果から、構音指導や発音指導と合わせて、姿勢の指導を行ったことにより指導の効果を高めたのではないかと推測できる。さらに、小グループ指導において相互のやりとりを導入した指導により、生徒のモチベーションが高まったり、やりとりの中で嬉しさを共有できたりしたことが指導効果を高めたと推測できる。

(2) まとめ（課題）

授業では、音声＋身振りで自分の思いや他者からの質問に答えることができるようになってきた。しかし、授業以外の場面では難しいときもあり、多くの日常の場面で生かせる指導の必要性を感じている。

3

第３部

特別支援教育のセンター的機能と自立活動の指導

～小・中・高等学校への的確な情報提供のために～

第1章

小・中・高等学校で自立活動の指導をする際におさえておきたいこと

1　小・中・高等学校をめぐる特別支援教育の動向

(1) 特別支援学級（知的障害、自閉症・情緒障害）在籍児童生徒数と通級による指導（自閉症）を受けている児童生徒の増加

文部科学省初等中等教育局特別支援教育課の経年調査によると、小・中学校特別支援学級に在籍する知的障害と自閉症・情緒障害のある児童生徒の在籍数は、年々、増加の一途をたどっている（図1、図2）。また、小・中学校で通級による指導を受けている自閉症のある児童生徒も同様に増加している（図3）。

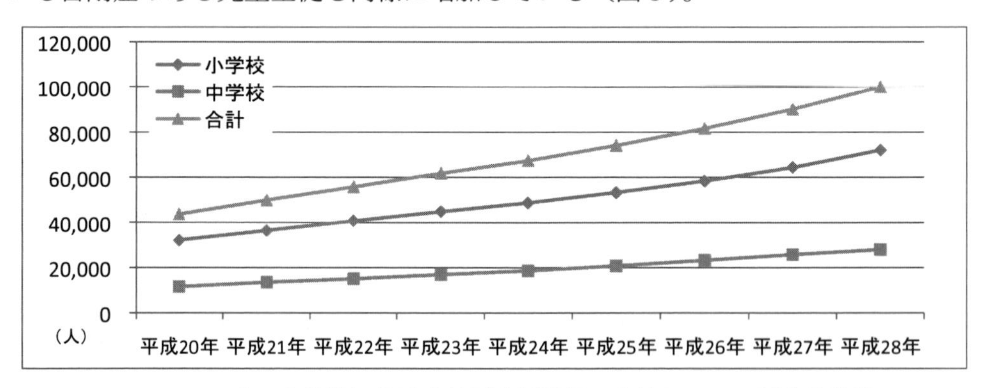

図1　小・中学校知的障害特別支援学級に在籍している児童生徒数

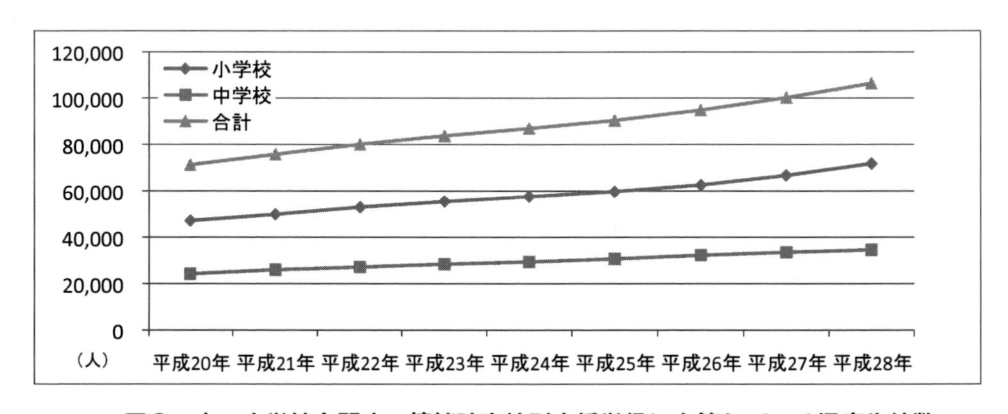

図2　小・中学校自閉症・情緒障害特別支援学級に在籍している児童生徒数

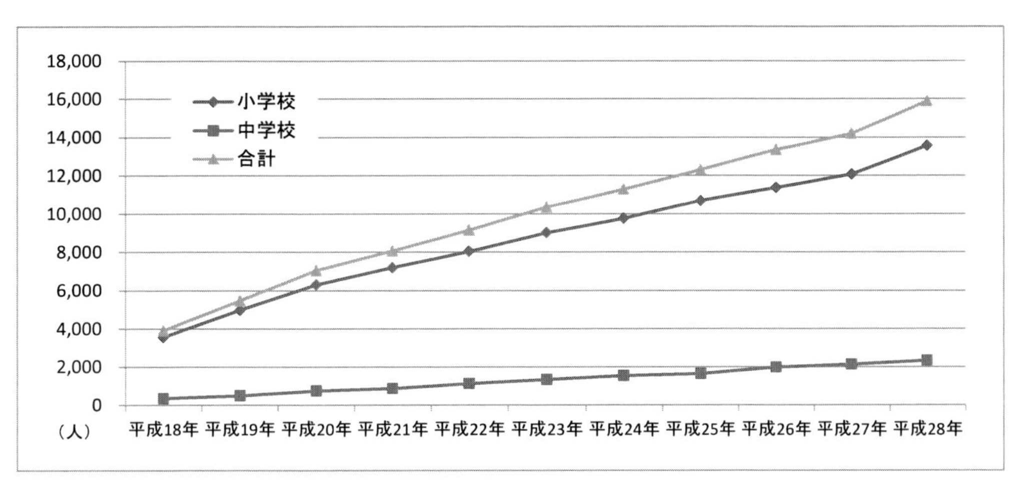

図３　小・中学校で通級による指導（自閉症）を受けている児童生徒数

※図１～図３は、文部科学省初等中等教育局特別支援教育課による平成 19 年度～平成 28 年度「特別支援教育資料」のデータを基に作成した。

全国特別支援学級設置学校長協会調査部（2017）が校長を対象に実施した調査では、特別支援学級の担任は子ども一人一人の状態が多様であることでその対応に苦慮していること、教員の専門性を高めるための研修が指導の充実に当たっての喫緊の対応すべき課題であることが明らかとなった。このように、特別支援学級などの担当者を支援するためには、これまで知的障害特別支援学校が蓄積してきた知的障害や自閉症のある児童生徒への実践を積極的に発信していくことが期待される。また、知的障害特別支援学校がこの取組を進めていくためには、より一層、特別支援教育全般や知的障害教育及び自閉症教育に関する専門性を向上していくことが求められる。

（２）通常の学級に在籍する発達障害の可能性のある児童生徒への支援の必要性

全国の公立の小・中学校の通常の学級に在籍する児童生徒の担任を対象に実施した調査（文部科学省初等中等教育局特別支援教育課 2012）によると、知的発達に遅れはないものの学習面又は行動面で著しい困難を示すとされた児童生徒が 6.5％在籍していることが明らかとなり、彼らへの支援や配慮が求められている。

通常の学級では教育課程に自立活動の指導が位置付けられていないため、通常の学級の担当者においては、自立活動について関心が向きにくいと推測される。しかし、交流及び共同学習の推進が求められており、また、通常の学級に在籍する支援を要する児童生徒の存在も踏まえると、通常の学級の担任も自立活動の指導に関する知識をもつことが必要である。

（3）高等学校での通級による指導の導入

中学校で通級による指導を受けている生徒は年々増加しているが、これら生徒の進路先は、従来、高等学校の通常の学級か特別支援学校の高等部に限られていた（文部科学省初等中等教育局特別支援教育課 2017）。このため、文部科学省はインクルーシブ教育システムの理念を踏まえて、高等学校においても適切に特別支援教育が実施されるように多様な学びの場の整備が必要との考えから、平成 30 年度より高等学校においても言語障害、自閉症、情緒障害、弱視、難聴、学習障害、注意欠陥多動性障害、その他（肢体不自由、病弱及び身体虚弱）を対象に通級による指導を導入することにした。

高等学校では、「障害による学習上又は生活上の困難を改善し、又は克服することを目的とする指導（障害に応じた特別の指導）」、すなわち、自立活動に相当する内容の指導を高等学校の教育課程に加え、又はその一部に替えること（ただし、替えて実施する場合には、高等学校における教育の確保の観点から必履修教科・科目等とは代替できない）ができるとしている。文部科学省初等中等教育局特別支援教育課（2017）は、高等学校で通級による指導が実施されることで、障害による学習上や生活上のつまずき（困難）へのきめ細かい指導・支援が可能となり、その改善・克服や生徒本人の学習意欲や自己肯定感の向上につながるなどの効果が期待されるとしている。

2　特別支援学校のセンター的機能としての役割

「今後の特別支援教育の在り方について（最終報告）」（特別支援教育の推進に関する調査研究協力者会議 2003）で、（当時の）盲・聾・養護学校がこれまで蓄積してきた教育上の経験やノウハウを生かして、地域の障害のある子どもの教育の中核的機関として機能する必要性が提言されて以降、特別支援学校は地域の小・中学校等の教育に対して支援を行ってきた。また、中央教育審議会初等中等教育分科会（2012）の「共生社会の形成に向けたインクルーシブ教育システム構築のための特別支援教育の推進（報告）」において、特別支援学校がインクルーシブ教育システムの中でコーディネーター機能を発揮し、センター的機能の一層の充実を図ることが求められている。

小・中学校等の特別支援学級や通級による指導の担当者は、特別支援教育の重要な担い手であり、その専門性が校内の他の教員に与える影響が極めて大きい（中央教育審議会初等中等教育分科会 2012）。このため、彼らの専門性を担保、向上することが喫緊の課題となっている。しかし、例えば特別支援学級の担当者については、特別支援学級での担当経験年数の短さから専門性の課題が指摘されている。そして、この課題を改善する一つの方法として、特別支援学校のセンター的機能の活用が重要になっている。このように、インクルーシブ教育システム構築に向けて特別支援学校の役割の重要性はより一層高まっており、その期待に応えるためにも特別支援学校の専門性の向上が求められている。

特別支援学校のセンター的機能については、今回、改訂された小・中学校の学習指導要領総則（文部科学省 2018a，2018b）にも、そのことが明記されている。具体的には、「第４　児童（生徒）の発達の支援」として「２　特別な配慮を必要とする児童（生徒）への指導」の項目が設けられ、障害のある児童生徒に関する事項が詳細に明記された。改訂前の学習指導要領総則では、「特別支援学校等の助言又は援助を活用」の例として、支援のための計画を個別に作成することや連携の必要性を示していたが、改訂された学習指導要領では、特別支援学級と通級による指導での特別の教育課程の編成や個別の教育支援計画及び個別の指導計画の作成といった具体的な記述がなされた。特別支援学校においては、小・中学校等がこれらの取組を効果的に運用していくことができるように、助言や援助を行うことが期待されている。

３　知的障害特別支援学校が小・中・高等学校に対して自立活動の指導に関する情報提供を行う際におさえておきたいこと

知的障害特別支援学校は、小・中・高等学校がセンター的機能としてどういった内容を求めていると捉えているのだろうか。国立特別支援教育総合研究所（2018）は、知的障害特別支援学校の各学部に対して、小・中・高等学校がセンター的機能の活動で自閉症教育に関して求めている助言や援助の内容を尋ねた（図４）。その結果、「自閉症の特性に応じた指導方法についての助言」「自閉症の特性に応じた学習環境の工夫についての助言」「自閉症の特性に応じた指導内容についての助言」が多く挙げられた。一方、「特別支援学級での自立活動の指導についての助言」「特別の教育課程の編成についての助言」は、指導方法などに関する助言と比べると低い割合であった。小・中・高等学校の担当者が、知的障害や自閉症の特性に応じた指導内容や指導方法などについて理解を深めることは必要ではあるが、今後、知的障害特別支援学校に求められるのは、一般的な障害特性に関する知識を目の前の個々の実態に即しながら応用したり、特別の教育課程の編成に活かしたりすることができるように助言することである。

改訂された学習指導要領（文部科学省 2018a，2018b）では、小・中学校の特別支援学級と通級による指導において、個別の教育支援計画と個別の指導計画の作成が義務化された。このため、知的障害特別支援学校には、個別の教育支援計画や個別の指導計画の作成・活用に関する相談が増加することが予想される。これら計画は、幼児児童生徒の実態に基づいて作成されるものである。したがって、どのような指導内容や指導方法を取り上げるかを検討する際に、知的障害や自閉症に関する一般的な知識や情報をそのまま適用するのでは、個々の実態に応じることは難しいと考えられる。

このため、知的障害特別支援学校には、多様な実践経験に基づいた情報提供が求められる（国立特別支援教育総合研究所 2018）。

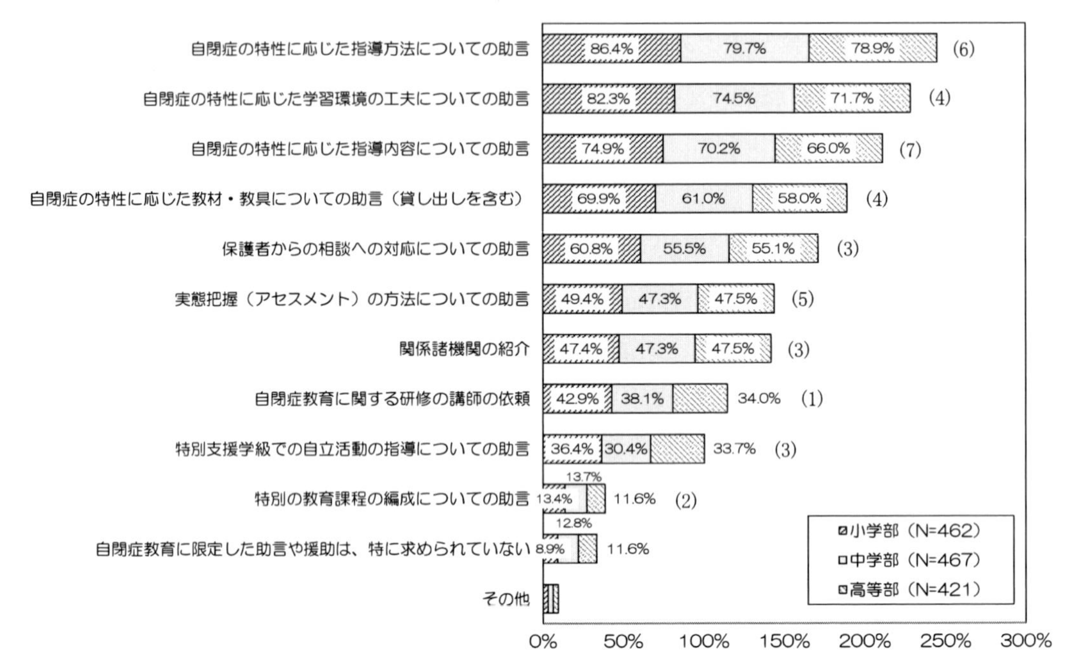

図４　知的障害特別支援学校がセンター的機能の活動で自閉症教育に関して求められている助言や援助の内容（複数回答）

※（　）内の数値は、幼稚部（11 校）の回答数を示す。

小・中・高等学校に対して自立活動の指導について情報提供や助言を行う際、知的障害特別支援学校は、以下の点に留意する必要がある。例えば、特別支援学級の経験年数が短い担当者は、目の前の児童生徒をどのように指導すればよいか分からず手探りで指導していることが多い。このため、知的障害特別支援学校は、小・中・高等学校の特別支援学級や通級指導教室の担当者が自立活動の基本的な考えを正しく理解できるように、また、個々の実態に応じた指導ができるように授業を組み立てる手順や要点を分かりやすく伝えることが求められる。

自立活動の指導には、もちろん専門性が不可欠である。しかし、専門的な知識が必要であるから専門の担当者でなければ分からないという考え方ではなく、自校の児童生徒の抱える困難さや興味・関心のあることは何かを、一人一人の教師が考えをめぐらすことが大切である。板書計画や環境構成、教材教具などの配慮や工夫は、通常の学級の担任のアイディアや専門性を活かすことができるのではないだろうか。知的障害特別支援学校は、自立活動をはじめとする特別支援教育に関する専門性を有してはいるが、一方的に専門知識を伝達するのではなく、上記のような視点や考えをもって小・中・高等学校を援助することが大切である。

また、小・中・高等学校に対して助言や援助を行う中で、知的障害特別支援学校は、自立活動の指導に携わっていない（経験のない）教師から、なぜ授業でこの内容を扱うのか、なぜこの指導方法や教材を用いるのか、児童生徒にとっての教育的な意味は何であるのかなどの本質的な疑問を寄せられるかもしれない。これらについて考え、答えていくことの積み重ねが、ひいては知的障害特別支援学校の専門性の向上につながっていくのではないかと考えられる。

●引用・参考文献●

〈第３部第１章〉

国立特別支援教育総合研究所（2018）平成 28 ～ 29 年度基幹研究（障害種別研究）「特別支援学校（知的障害）に在籍する自閉症のある幼児児童生徒の実態の把握と指導に関する研究－目標のつながりを重視した指導の検討－」研究成果報告書.

全国特別支援学級設置学校長協会調査部（2017）平成 28 年度全国特別支援学級設置学校長協会調査報告書.

中央教育審議会初等中等教育分科会（2012）「共生社会の形成に向けたインクルーシブ教育システム構築のための特別支援教育の推進（報告）」.

特別支援教育の推進に関する調査研究協力者会議（2003）今後の特別支援教育の在り方について（最終報告）.

文部科学省（2018a）小学校学習指導要領解説 総則編．東洋館出版社.

文部科学省（2018b）中学校学習指導要領解説 総則編．東山書房.

文部科学省初等中等教育局特別支援教育課（2017）高等学校における「通級による指導」実践事例集－高等学校における個々の能力・才能を伸ばす特別支援教育事業－.

文部科学省初等中等教育局特別支援教育課（2012）通常の学級に在籍する発達障害のある可能性のある特別な教育的支援を必要とする児童生徒に関する調査.

小学校特別支援学級と通級指導教室における自立活動の実践

1　特別支援学級における自立活動

埼玉県内の小学校に設置されている多くの知的障害特別支援学級と自閉症・情緒障害特別支援学級では、自立活動を日課表に週２～３時間程度位置付け、授業を行っている。その指導内容は、一人一人の実態に応じて定められなければならない。また、日課表に位置付けられた自立活動の時間だけでは、その指導効果は十分ではない。自立活動の授業の中で習得した態度やスキルを生活の中で生かせるようにするために、各教科・領域等の学習内容との関連を十分に図る必要がある。そこで、教育活動全体を通して自立活動の指導を計画的に実施することが求められる。また、家庭や地域での生活の中で、白立活動で学習したことを生かせるように、保護者との連携も欠かせない。

知的障害や知的障害を伴う自閉スペクトラムのある児童にとって必要な主な自立活動の指導内容と、各教科領域等の学習内容との関連を概観すると、表1のようになる。

表1　知的障害のある児童が必要とする自立活動の指導内容

児童の実態・課題	主な区分等	指導内容	他の教科領域等との関連
予定変更等に対応できずパニックを起こすことがある。	心理的な安定	状況を把握する力を高める。状況に応じた適切な行動の仕方を身に付ける。	予定変更を前日の帰りの会や当日の朝の会等で確実に伝える。
相手の気持ちや感情が理解できない。	人間関係の形成	ソーシャルスキルトレーニング絵カードを活用し、場面や状況にかかわる認知力を高める。	国語や生活単元学習の中で、ロールプレイや劇の発表をする。
手先が不器用 課題に集中して取り組むことができる時間が短い。	身体の動き 作業の円滑な遂行	手先を使った細かい作業に決められた時間集中して取り組む。	図画工作の作品の制作や生活単元学習のプレゼント作りに一定時間集中して取り組む。
状況に応じた人とのかかわりができない。	コミュニケーション	ロールプレイ等を通し人とのかかわり方を学習する。	生活単元学習での買い物、校外学習での目的地への道順を尋ねる。

このほか、「歩行が不安定」「ボディイメージが十分育っていない」といった課題のある児童も知的障害特別支援学級に在籍している場合がある。こうした課題にかかわ

る指導も、自立活動の授業時間で扱うことが必要である。しかし、このような身体の動きに関する指導について、小学校には十分な専門性を兼ね備えている教員は極めて少ないので、特別支援学校のセンター的機能を活用し連携を図り、指導を進めることが必要である。小学校に在籍する視覚障害や聴覚障害のある児童への指導支援も、同様である。

本校（埼玉県富士見市立諏訪小学校）にも知的障害と自閉症・情緒障害の特別支援学級が設置されており、週に２時間自立活動の授業が行われている。そこで行われている自立活動の授業の様子を紹介したい。

指導例１　状況に応じた人とのかかわりができるようにするための指導

本校の特別支援学級には、５名の児童が在籍しており、いずれも軽度の知的障害のある子供たちである。そのうちの４名に自閉スペクトラム障害があり、教員や友達と積極的にかかわろうとするが、自分の意思を適切に伝えたり相手や場に応じたコミュニケーションを行ったりすることに課題がある。そこで、自立活動の時間に、こうしたコミュニケーション面の課題の改善をねらいとした指導を行っている。

１学期のはじめの自立活動の時間に、まず「先生や友達に元気にあいさつをする」や「職員室や事務室の入り方」などを学習する。例えば、職員室に健康観察簿を届けるときのやりとりについて、下記①から③のような手順で行うことを指導する。

①職員室のドアをノックして「なの花学級、○年の○○○○です。健康観察簿を届けに来ました」と言う。

②「どうぞ。ご苦労様」と職員室にいる先生が答えてくれたら、「失礼します」と言って礼をして職員室に入る。

③健康観察簿を決められた場所に置き、「失礼しました」と言って礼をして職員室を出る。

２年生以上の児童にとっては既習の学習内容なので、繰り返し学習し一層の定着を図るとともに、１年生や新たに入級した児童の見本となるようにする。

２学期には、「分からないときの質問の仕方」や「買い物に行ったときのお店の人とのやりとりの仕方」などを学習する。その主な学習内容は次の三つである。

①買う物を決めて「これください」と言う。

②レジにお店の人がいないときは、大きな声で「お願いします」と言う。

③欲しいものがどこにあるか分からないときは、「すみません。○○はどこにありますか？」と尋ねる。

上記のような学習内容を、生活単元学習で買い物学習に取り組むときの実践に生かし、調理に必要な食材を分担して買った。

また、日常生活の中にある様々な場面の絵を見て、こんなときに友達や家族にどのような声掛けをしたらよいかということを、クラスのみんなで考えたり話し合ったりする学習も、自立活動の時間に行っている。

2　通級指導教室における自立活動

小学校では、知的障害のない発達障害や聴覚障害、構音障害等のある児童が、通常の学級で学んでいる。こうした通常の学級に在籍する特別な教育的支援を必要とする児童が、埼玉県には10.7％いるといわれている。その中には、週に２、３時間程度通級指導教室で必要な指導を受けている児童がいる。そこで行われている指導も、自立活動である。ここでは、発達障害等のある児童が通級指導教室で受けている自立活動の指導内容を紹介する（表２）。

表２　発達障害等のある児童が必要とする自立活動の指導内容

児童の実態・課題	主な区分等	指導内容
決まりやルールを守って行動できない．分かっていても守れない。	集団への参加	○決まりやルールを守ってゲームなどの活動に取り組む。 ・教師と一緒に、ルールを意識し、または守って卓球やボードゲームなどに取り組む。 ・はじめは、教師と一対一の場面でできるようにする。次は通級している友だち数名のグループで決まりやルールを守って行動できるようにする。
自信をもって活動できない。	人間関係の形成	・まずは得意なことに取り組む中で、できた、分かったという体験をたくさんする。 ・苦手な教科の予習に取り組み、自信をもって在籍学級の授業に参加できるようにする。
学校や家庭で自分の存在価値を見いだせない。	人間関係の形成	・通級指導教室の授業を参観に来た家族にお茶を入れ「喜ばれた！」という体験等を通して、自己有能感を高める。

＊「身体の動き」「コミュニケーション」に関する内容は、表１と重複するため割愛

発達障害・情緒障害通級指導教室で行われている指導を紹介する。

指導例２　決まりやルールを理解し守って行動できるようにするための指導

児童Ａは、小学５年生。広汎性発達障害という診断を受けている。知的な遅れはなく、社会の授業では、他の児童が気付かない視点から見て意見を発表するなど、意欲的に参加している。しかし、「活動するときに決まりやルールを守らなければならないことは分かっているが、夢中になると勝敗にこだわり守ることができない」「運動が苦手である」「自信をもって様々な活動に取り組むことができない」等の課題があり、週

に２時間の指導を本校の通級指導教室で受けるために、市内のＢ小学校から通ってきている。こうした課題を改善するために、通級指導教室では次のような指導・支援を行っている。

（1）決まりやルールを守って行動できるようにするために

まずは、通級担当の教師と一緒に活動する中で決まりやルールを守って活動できるようにするために、通級指導教室で児童Ａの大好きなカードゲームやボードゲームを行った。はじめは、ルールは分かっているけれども、勝ちたいために守れなかったり、負けて大泣きしてカードを破ってしまったりした。こうした様子をビデオで撮影して教師と一緒に振り返り、「このような行動が適切であったか」「どういった行動をとるべきであったか」を話し合い、次の活動に生かしていくことができるように指導支援を行った。

その結果、通級担当の教師と一対一の場面であるなら、ルールを守ってカードゲームに取り組み楽しむことができるようになったが、それが在籍校の友だちとも決まりやルールを守って取り組めるようになることにはなかなかつながらなかった。そこで、繰り返し指導した結果、徐々に改善が見られた。６年生の２学期になって「修学旅行のとき、ホテルの部屋でクラスの友だちとUNOをして楽しく過ごしたい」という相談があった。そこで、児童Ａと話し合い、「ルールを守ると、楽しく遊ぶことができる」ということを確認した。また、自分で考えたカードを加えた手作りのUNOで遊ぶことを思いつき、カード作りに意欲的に取り組み完成させることができた。そのカードで、修学旅行のホテルの部屋で、UNOをして楽しく過ごすことができた。

（2）自信をもって在籍学級の授業に参加できるようにするために

児童Ａは、縄跳びや鉄棒が苦手であった。そこで、在籍学級の体育の授業に自信をもって意欲的に取り組むことができるように、通級指導教室で指導を行った。鉄棒については、６年生になって、できなかった逆上がりをできるようにするために、次のようなスモールステップを設け指導・支援を行った。

①踏み台を用いて、片足を鉄棒に掛ける ⇒ ②踏み台を用いて片足ずつ鉄棒に足を掛け足抜き回りができる ⇒ ③踏み台を用いて両足を同時に鉄棒に掛け足抜き回りができる ⇒ ④踏み台なしで片足ずつ鉄棒に足を掛け足抜き回りができる ⇒ ⑤踏み台なしで両足を同時に鉄棒に掛け足抜き回りができる ⇒ ⑥踏み台を用いて逆上がりができる ⇒ ⑦踏み台なしで逆上がりができる

上記のような手順で指導し、児童Ａははじめは渋々練習していたが、②ができるようになると意欲的に練習に取り組むようになり、④のステップまで練習が進んだ。逆上がりができるようになるまでもう少しである。

第２章　小・中・高等学校の実践〈事例②中学校〉

個別の指導計画に基づいた「生活目標」の設定と自立活動

～生徒自身が「主体的に」課題に取り組むために～

1　はじめに

本校特別支援学級では、日常の学校生活の中で教師が課題と感じたことや保護者の願い、生徒の思いを聞き取りながら、自立活動の課題の中で早期に対応すべき事柄を一人一人の「生活目標」として設定し取り組んでいる。そしてその課題の範囲は多岐にわたる。

個別の指導計画を作成し、自立活動についてどのように生徒に意識させ、「主体的に」課題に取り組んでいけるようにするのかは、将来の自立に向けて大変重要なことである。今回は、生徒Ａ、生徒Ｂ、生徒Ｃの３名の自立活動の指導について、その実践を紹介する。

2　「生活目標」設定までの流れ

〈ステップ１〉
個別の指導計画を作成するに当たり、家庭訪問や面談、文書で保護者の願い、本人の願いを調査する。個別の指導計画を作成する。

↓

〈ステップ２〉
個別の指導計画の中で生徒に何を重点的に取り組ませ、どのように意識させるのかを担任間で共有する。生徒に月間生活目標の案を示し、生活目標の具体的な取り組み方の相談や支援の方法を話し合う。生活目標はひと月２項目までとする。

↓

〈ステップ３〉
授業や生活場面で生徒一人一人が取り組んでいく。教師は必要な支援や声掛けを行う。毎日帰りの会で自己評価したものを教師も確認する。適正な評価と改善を行う。

↓

〈ステップ４〉
月末に担任間で今月の取組について検討し、次月の目標について話し合う。

（１）学級内での生活目標の在り方について

４月に生活目標とはどのようなものなのかを生徒全員に説明する。その中で、一人一人が得意なこと、苦手なことがあることに気付くことができるように配慮する。それぞれが違う課題に取り組んでいくことを説明し、目標のクリアに向けて、互いに協力し支えあえる学級づくり、意識づくりを行っていく。

（2）生活目標を立てるためのカテゴリーシートの活用

生活目標を決めていく際に、生徒が抱える課題をどのように把握し、どこまで取り組むこととするのかを教師が体系的に整理しておくことは大切なことである。そのために「生活目標カテゴリーシート」を作成している。生徒一人一人障害の程度や特性は異なるので、必要と思われる項目は適宜追加・訂正しながら利用している。

【例】社会性カテゴリー

返事・挨拶・ルールの遵守・報告 / 相談・友人関係・集団への参加・対人距離など。

生活目標カテゴリー

領域		項目		内　容
F	コミュニケーション	1	返事	1相手に聞こえる声量で返事ができる　2相手を見ながら返事ができる　3場に合った適切な返事ができる
		2	挨拶	1挨拶をされたら返すことができる　2自分から挨拶ができる　3場にあった挨拶ができる
		3	ルールが守れる	1してはいけないことを理解できる　2してはいけないことをいわれてやめることができる　3自分からしてはいけないことをやめることができる
		4	報告	1いわれれば作業の報告ができる　2作業などが終わったら自分から報告ができる　3次の作業の指示を仰ぐことができる
		5	相談	1言われれば相談できる　2言われなくても相談ができる　3適切な相手に相談できる
		6	友人関係	1相手の意見に同意・共感できる　2相手の気持ちを察することができる。 3相手の気持ちを尊重し合わせることができる。4話す前に自分で考えてから話すことができる。
		7	集団への参加	1集団の端に身を置くことができる　2声かけがあれば集団で活動できる　3自分から集団に入り活動できる

図１　「生活目標カテゴリーシート」（一部抜粋）

（3）生活目標チェックシート

生活面での目標を、生徒が分かる表現で「生活目標シート」に記入し、帰りの会で生徒自身が自己評価を行う。その場で教師が確認し、サインする。自己評価が実態と違うものであれば説明し修正する。いつも良い評価であることが重要ではなく、自分の取組が適正に評価できていることの大切さを伝えるようにする。このシートは連絡ノート（毎日の家庭との情報交換ノート）の背表紙に貼り、家庭でも取組を確認してもらえるようにする。

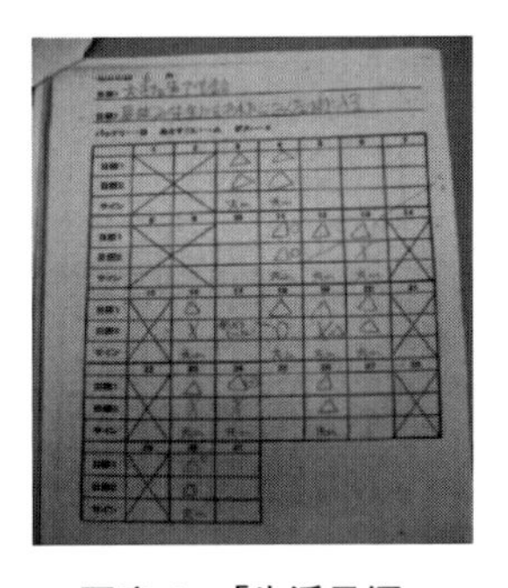

写真１「生活目標チェックシート」

（4）生活目標振り返りシート

１カ月間目標に取り組んだ後は、「生活目標振り返りシート」を用いて目標ごとの○△×の数を集計し、仲間からのアドバイスや励ましの言葉を添えて生徒に返していく。8割以上○が付いた場合は、目標が達成されたものとし、さらにレベルを上げたり、別な目標に差し替えたりする。×や△が多かった場合は、目標のレベルを下げたり、支援の方法を再検討したりして、次の月の目標を考えていく。生徒と面談し、本人が納得できる目標設定と支援の手立てになるように配慮する。

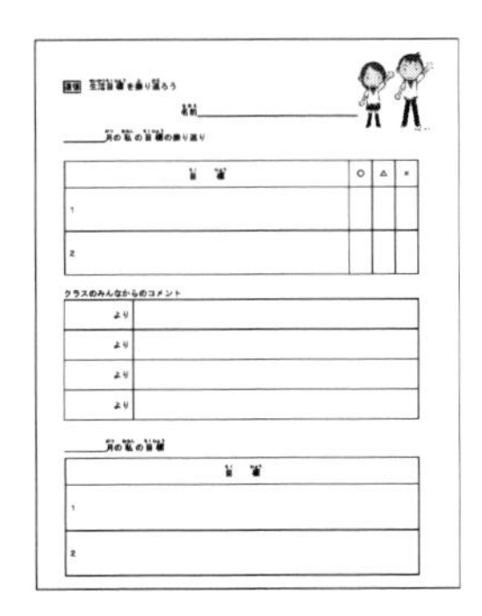

写真２「生活目標振り返りシート」

3　生徒の実態と生活目標の変化

		生徒 A（１年生男子）	生徒 B（１年生女子）	生徒 C（１年生男子）
課題 自立活動の 主な項目		書字 (5) 身体の動き	発声 (6) コミュニケーション	姿勢の保持 (5) 身体の動き
実　態		筆圧が弱く、雑である。形の取り方もバランスが悪く、線が重なってしまうこともある。手先の巧緻性の問題と視覚的な問題が考えられる。鉛筆は内側に巻き込むように持つ。書字については小学校時代から指導されており、苦手意識が強い。自分で書いた字が読めないこともあり、本人も困っているようだ。	声が極端に小さく、高音である。家庭からの聞き取りでは機能的な問題はないようだ。家庭ではもう少し大きな声で話しているようである。緊張により声が出にくいことも考えられる。小学校は通常の学級に在籍しており、頷いたり、微笑んだりすることで意思表示することが多く、発声をしない生活に慣れてしまっている。	意識して姿勢が保たれているときは集中して話を聞くことができるが、崩れてくると意識が逸れ、聞き逃しが多くなる。10 分程度の活動でも座りたがることがある。椅子に座った状態で体が寝てしまうことが多く、姿勢が悪い。あくびをしたり、手遊びをしたりすることもしばしばである。トークンやポイントなどが好きである。
個別の指導計画	短期目標	意識して丁寧に字を書くことができる。	近くにいる人が聞こえる声の大きさで会話ができる。	意識して姿勢よく話を聞くことができる。
	支援の 手立て	ひらがなの書字プリントを使い、鉛筆の角度、筆圧、直線、曲線、画数、マス目や罫線に気をつけて取り組むように声掛けをする。	国語の時間の音読タイム、毎時間の発言の機会を捉えて、意識して声を出す、声の大きさを意識できるようにする。	本人が取組の成果を確認できるチェック表（がんばりカード）を使用しながら、意識が継続できるようにする。
生徒に示した 目標		連絡ノートを一画ずつ丁寧に書く。（５月）→国語の書き取りプリントを一画ずつ丁寧に書く。（７月）	大きな声を意識して話をする。（５月）→国語の時間に大きな声を意識して音読をがんばる。（７月）	朝と帰りの会であくびをせず姿勢良く話を聞く。（5月）→あくび・背筋・足のグラグラに気を付け姿勢良く話を聞く。（7月）
目標改善の 理由		連絡ノートのますが小さく、線や画を意識して取り組むには本人にとって困難があった。授業中に取り組ませた方が、教師の指導もしやすかった。	取り組む時間が曖昧で、本人が声の大きさを意識しにくかった。話す内容が決まっている音読の方が、声の大きさだけに集中して取り組むことができるようだった。	意識できると姿勢を保持して話を聞くことに集中でき、体の細かな部分にも意識を向けることができる様子が見られた。

4　実践例

	生徒 A	生徒 B	生徒 C
取組の場面	国語の書字プリント 帰りの会の連絡ノート	国語を中心として毎時間 朝読書の時間	朝・帰りの会・毎時間
教材・教具	・鉛筆を正しく持つ補助具 ・ひらがな書字プリント  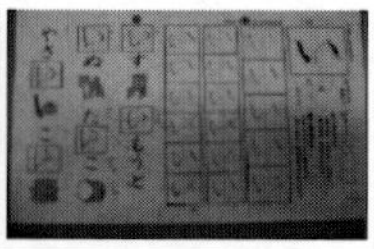	・小学３年生の国語教科書 ・ボイスレコーダー 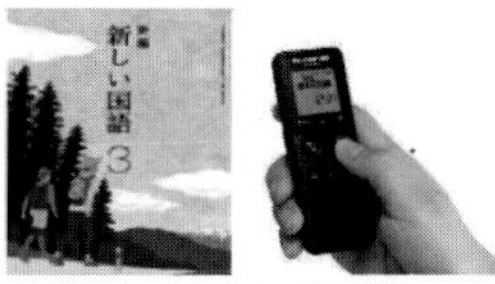	・がんばりカード 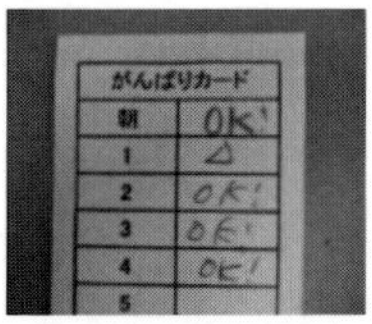
適正な 自己評価 のための 工夫	書字プリントは取組後すぐに教員と確認し、振り返るようにする。	音読タイムの取組を録音し、実施後すぐに聞いてみることで、自分の声量に気付けるようにする。	がんばりカードで毎時間確認する。「ＯＫ！」の数で自分を視覚的に振り返えられるようにする。

5　評価・生徒の変化・指導上の気付き

※評価は個人内評価を前提とした。

	生徒Ａ	生徒Ｂ	生徒Ｃ
5月	「一画ずつ丁寧に」を意識して取り組めていないが、自己評価は◎をつけることが多い。話し合いで評価の訂正をすると、納得ができない表情をする。	返事や発言が聞き取れない大きさで、聞き直さなくてはならない。聞き直されるのは嫌そうだ。自己評価はいつも△。声を大きくするには具体的にどうしたらよいのか理解が難しい。	話を聞いているときに意識が逸れやすい。自分の取組を振り返ることが難しく、評価を教員に尋ねてくる。帰りの会では○や◎の自己評価を付けるが、△の訂正を教師から受けることが多い。
6月	毎日の声掛けにより、少しずつ意識して取り組めるようになった。評価の訂正を受け入れられるようになり、適正な自己評価ができる日が増えた。鉛筆の正しい持ち方を指導したところ、握る角度を気にして直す行動が見られた。学校で補助具を使い始め、家庭でも宿題をやるときに自分から使用している。書字プリントを使い、ひらがなの練習から取り組み始めた。	聞き取りにくい状況は変わらない。話し始めに「大きな声で」と声を掛けるようにすると、少しボリュームが上がる。自己評価に△をつけることが多いが、頑張れた日には教師が生活目標シートに○や◎をつけた。音読タイムを国語の時間に設け、声の大きさを意識して一定時間話す練習に取り組み始めた。楽しそうに取り組んでいる。	朝の会であくびが出そうになると、我慢する様子が見られるようになった。がんばりカードを机の右上に貼り、毎時間終了後に教師が「ＯＫ！」や「△」を書き込んだ。自分の取組を客観視することができるようになり、良い姿勢を保てる時間が少しずつ延びてきた。帰りの会でがんばりカードを見ながら生活目標チェックが自分で行えるようになった。
7月	目に見えて改善するまでには至らないが、丁寧さを意識しなくてはいけないことが分かってきた。強い筆圧で書ける日が増え、マスや罫線を意識しながら書くことも少しずつできるようになった。	「声の大きさ３段階」を確認した後に音読に取り組むようにした。日常会話よりは大きな声で音読ができる。音読の声を録音して聞いてみることにより、客観的な視点も少しずつではあるが身に付け始めた。	作業的な活動になると、集中しすぎて姿勢が崩れることがあるが、朝の会、帰りの会などの短い時間であれば概ね姿勢を保つことができるようになった。予定の聞き漏らしも減ってきた。
指導上の気付き	鉛筆の持ち方は一時的には改善できるが元に戻ってしまうことが多い。補助具を使用することで環境が整い、角度を気になってしまう本人のストレスを軽減できた。線を意識して取り組ませるには、漢字よりひらがなプリントが取り組みやすいようだ。丁寧に取り組むことができた機会を捉え、プラスの評価を続けていくことで、取り組む意欲を継続できるようにした。	自分の声の大きさを録音し客観的に振り返ることで、本人の課題に対する意識を高めていくことができた。なぜ声を大きくしなくてはいけないのか、聞き返されず意思疎通ができる楽しさ、他者との円滑なコミュニケーションなどの観点に本人が気付けるようにすることも大切である。音読タイムの取組の成果が大きくなってきたら、日常生活の場面に般化して継続的に指導したい。	姿勢の課題は毎時間の取組なので、一日の終わりに適正な自己評価をまとめてすることは困難だった。「がんばりカード」を使い始め、短期的で視覚的な振り返りができるようになり、帰りの会のチェックでは適正に自己評価が行えた。短期的な評価を繰り返すことにより、プラスの評価を積み重ねやすく、逆にできていないときは次の時間はがんばろうという切り替えも可能となった。

6　まとめ

今回の事例では、補助具の使用、タイムリーな確認と評価、客観的な視点をもたせる工夫、短期的な評価を繰り返し、視覚化することを試み、「主体的に」取り組もうとする意欲に大きな成長を見ることができた。将来の就労や社会的自立に向けて、本格的な準備をする中学生に対し、生徒自身が自分の苦手に気付き、向き合い、主体的に改善・克服しようとする意識を養うことの意義は非常に大きいと考える。

また、指導上大きな柱となる個別の指導計画を、保護者と教師だけのものとせず、生徒にも分かりやすい「生活目標」として示した。生徒は適正な自己評価をしながら主体的に課題に取り組み、教師もその評価を確認しながら、支援の手立ての改善や新たな目標設定を考えていく。そのようなPDCAサイクルを大切に、今後も自立活動の指導をしたい。

神奈川県でスタートした高校における特別支援教育の実践

1　はじめに ～特別支援教育に取り組む県立高等学校の紹介～

筆者の前勤務校である神奈川県立綾瀬西高等学校は、神奈川県中央部の田園地帯に所在の各学年８クラス規模の900名余りの生徒が学ぶ全日制普通科の高校である。校長着任の平成24年当時は、退学生徒が毎年数十名を数え、生徒指導等に多くの課題を抱え、従来型の生徒指導は限界に達しており、生徒支援を加味した新しい生徒指導体制に移行すべき必然性のある高校であった。その後､高校における「通級による指導」（以下、高校通級とする）の実践導入が功を奏して、中途退学者数が半減し、学校は落ち着きを見せている。

一方、現任校である足柄高等学校では、神奈川県独自の高校改革事業として平成28年度から「インクルーシブ教育実践推進校」事業に取り組んでいる。こちらは、新たに中高連携募集として受け入れた知的障害のある生徒に対し、通級による指導ではなく、さらに進んで、できる限り同じ教室で同一の教科科目を履修し、共に学び成長するためのシステムづくりについて実践研究している。

2　綾瀬西高等学校における「通級による指導」導入前夜【第一段階】

まず、高校通級の導入にこぎつけた綾瀬西高等学校の学校改革について述べたい。学校改革の第一段階は、徹底した服装・規律指導、時間厳守の徹底と高校生活のルールの明確化からのスタートとし、続いて学習環境整備と組織的な授業改善を進めながら、最終段階で高校通級の導入という段階をたどった。

学校改革前半は、生徒指導案件が日々発生する厳しい状況の中で手掛かりを探すことから始まった。連日の生徒指導関係会議と保護者対応の続く中、学習環境の整備と生徒支援体制の構築について、いったいどこから手をつけていけばよいのか、企画会議や教員との個別面談を重ねながら手掛かりを探す日々であった。

まず得られた手掛かりは、第１学年の数学の習熟度別少人数展開クラス＝「特別親切クラス」の実践事例にあった。数学が不得意な集団を徹底して指導・支援する「特別親切クラス」､それはまさに生徒主体の授業、分かるまで一緒に考える授業であった。

1年後には「特別親切クラス」の試験平均点が学年平均点を超えていった。これが、目指すべき高校通級の手がかりであったかもしれない。

続いての手掛かりは「朝の学習」と予鈴チャイムの試行であった。ここから基礎的環境の改善・整備が動き出し、授業規律が確立されていった。特別支援学校からの異動者からヒントを得て導入した予鈴チャイムの効果は大きく、授業開始本鈴前2分に予鈴チャイムを流すことにより、生徒のスムーズな授業始業着席があっという間に実現してしまった。となれば懸案だった「授業遅刻は5分までルール」も一気に定着して、授業規律の確立が進んだ。特別支援学校で使われている手法が、高校の特別支援教育にそのまま生かせたのである。また、特別支援学校で使用している「朝の教職員打ち合わせシート」も早速導入され、情報共有体制が整えられた。

一方の「朝の学習10分」は当初難航したが、曜日別に学習科目を固定していくこととして取り組み、1時間目の授業が始まっても生徒が教室に入らない状況や授業サボリの事案などは皆無となり、授業改善に取り組む授業規律が整っていった。

3　学習環境の整備【第二段階】

授業規律の確立が目に見えて進む中で、次に進むべき道筋が明確に見えてきた。この段階で行ったのは、複数クラス担任制の導入と、国数英主要科目の24人レッスン編成の実現、個別学習室の整備等の具体的なプランの実行であり、これまで後回しにされてきた不登校傾向の生徒の個別対応についても取り組もうという教員の精神的な余裕が生まれた。また、個別学習支援室整備への予算配当も得て、年度末には「リソースルーム」が職員室の真上に完成した。これらのプランの導入には特別支援学校や定時制通信制高校の実践事例が大いに参考となったのである。

この改革3年目には、いわゆる生徒指導案件の減少が一層顕著となった。個別学習支援室であるリソースルームの柔軟な運用規定も調えられて、高校通級への手探りが始まった。この年、文部科学省により「高等学校における個々の能力・才能を伸ばす特別支援教育」研究・開発の指定を受けることが決まり、多くの教員が、全国各地の特別支援教育の先進校を訪ねそのノウハウを持ち返ることとなった。これは大きい力となった。

4　高校通級指導のスタート【最終段階】

そして、最終段階として学校改革４年目に「自立活動」の試行が始まり、生徒自身が自己特性を理解して基礎学力の底固めにつなげるための「リベラルベーシック」週４時間と、「コミュニケーション」「ソーシャルスキル」の週各２時間で設定された。

前年度より慎重に見立てを行い、保護者面談を経て通級指導を受けることとなった生徒は３名、通常級の授業から一部離れて、「リベラルベーシック」等の選択履修が始まり特別支援学校の有資格者による心理テストも実施した。

参考資料「自立活動」の内容

自立活動の名称	単位	履修目標等
リベラルベーシック国数英	4	自己理解を進め自己特性を活用する力を高める領域
コミュニケーション	2	正しく伝え良好な人間関係を形成する力を高める領域
ソーシャルスキル	2	社会体験や社会福祉体験の前準備を行う領域

また、こうして実践段階に入った高校における通級による指導を実りあるものとするため、その内容が自立活動であることから「個別の指導計画」を作成することとなった。「個別の指導計画」作成チームは、学級担任と教育相談コーディネーター、教科担任、特別支援学校の指導経験を持つ自立活動担当教員などで編成してスクールカウンセラーや特別支援学校の指導や助言を受けることとした。

〈参考資料　自立活動の選択事例〉

〔生徒の希望〕リベラルベーシック２人／コミュニケーション１人／ソーシャルスタディ２人／長期休業機関等の社会参加１名　※本人の選択を優先している

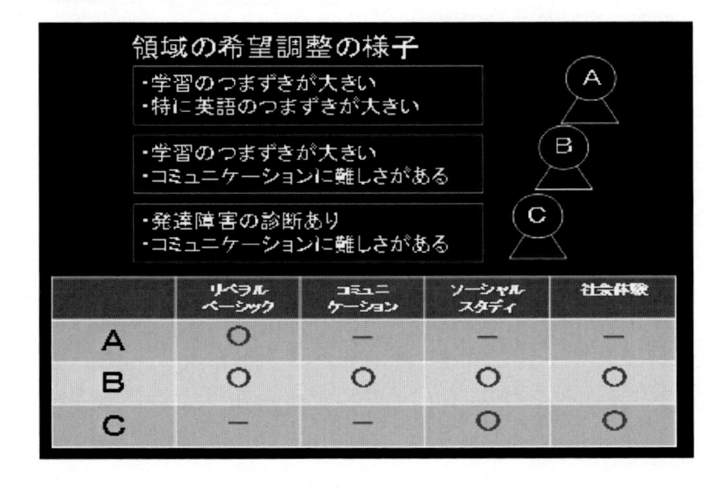

	リベラルベーシック	コミュニケーション	ソーシャルスタディ	社会体験
A	○	−	−	−
B	○	○	○	○
C	−	−	○	○

特別支援学校の勤務経験をもって本校に着任していた教育相談コーディネーター2名は、前年度より時間をかけて個別支援の必要な生徒の見立てを続けながら、新年度早々には、生徒の学習の様子や学習目標、授業内容や手立て、評価内容を個別の指導計画に書き表し、生徒の履修希望を優先する形で自立活動に取り組ませた。年度末にリストアップした生徒は12名、履修を希望しない生徒も多かったが、履修を「強制」することは行わず、自尊心を配慮することとして、科目選択の自由度を大きく認めることとした。こうして高校における通級による指導の試行にこぎつけたのであるが、この間、特別支援学校から人事異動してきた教職員の知見と行動力は大きかった。また日常的な生徒の支援もこれらの教職員が主体的に当たった。

5　綾瀬西高等学校の「通級による指導」の成果

こうして試行した高校通級であるが、履修した生徒は「リベラルベーシック」などの自立活動について、「楽しい」「良かった」と後日回答しており、「クラスで授業を受けるより分かりやすい」「来年度もこの科目を受けてみたい」と答えた。また「4月頃はクラスを抜けてくることに抵抗があったが、今は楽しい」という肯定的な捉えもあった。ごく自然な形で、選択科目の帯の時間割の中で通級による指導を履修（展開）できるように時間割の工夫も必要である。

また、通級による指導を担当した教員のアンケートでは「生徒全員がそれぞれ意欲的に取り組むように変わり、自己特性を理解した上で学ぶべきことを自分で考えるよい機会となった」「今後もできたことをほめて指導・支援を積み重ねていきたい」「4月当初より指導の負担感は軽減されてきた、今は支援のペースや目標がある程度見えるようになった」「あの生徒が笑う姿をはじめて見た」との肯定的な回答が得られた。

<参考資料　綾瀬西高校「高校通級試行」成果>

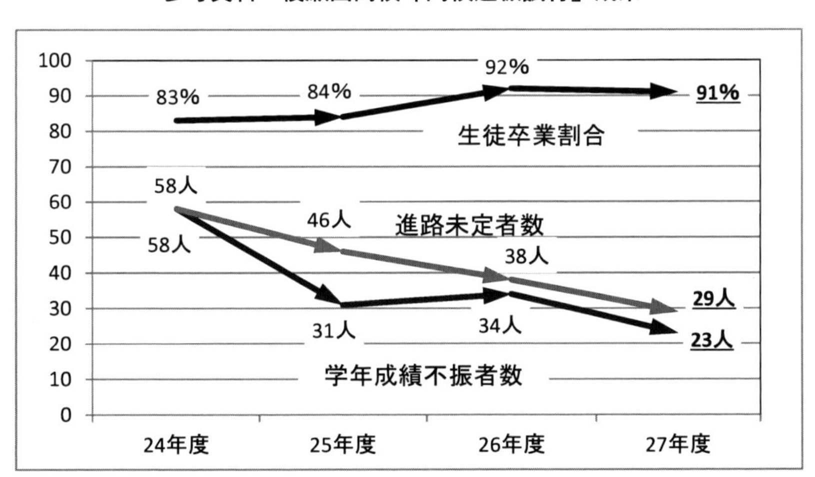

6　もう一つの新しい試み
～足柄高等学校「インクルーシブ教育実践推進校事業」～

普通科の高校では依然として、画一的な授業と定期試験重視による成績判定が続いている。高校中退者の中には、不本意な退学や進路変更を余儀なくされている生徒も少なくない。神奈川県では、障害者差別解消法の施行に前後して、県立高校改革の旗印の一つとして、インクルーシブ教育の推進という柱を掲げた。その新たな取組であるインクルーシブ教育実践推進校では、通級による指導が通常の履修科目から離れて「自立活動」を設定して支援を行いその履修を年間履修習得単位数に含めるのに対して、知的障害のある生徒に対しても、通常科目を個別学習支援等で履修・修得させる工夫を重ねて「共に学ぶ」姿を追い求めている。

こうして神奈川県では、高校における新しい特別支援教育の在り方について、「通級による指導」の実践と、さらに進んで「インクルーシブ教育の実践」＝「共に学ぶ」という二つの特別支援教育の実践が始まった。高校教員の意識、高校教員文化がどこまで変えられるのか、その挑戦はまさに始まったばかりである。

資　料

1．特別支援学校小学部・中学部学習指導要領（平成 29 年 4 月告示）（抜粋）

第１章　総則

第２節　小学部及び中学部における教育の基本と教育課程の役割

２　学校の教育活動を進めるに当たっては，各学校において，第４節の１に示す主体的・対話的で深い学びの実現に向けた授業改善を通して，創意工夫を生かした特色ある教育活動を展開する中で，次の（1）から（4）までに掲げる事項の実現を図り，児童又は生徒に生きる力を育むことを目指すものとする。

⑷　学校における自立活動の指導は，障害による学習上又は生活上の困難を改善・克服し，自立し社会参加する資質を養うため，自立活動の時間はもとより，学校の教育活動全体を通じて適切に行うものとする。特に，自立活動の時間における指導は，各教科，道徳科，外国語活動，総合的な学習の時間及び特別活動と密接な関連を保ち，個々の児童又は生徒の障害の状態や特性及び心身の発達の段階等を的確に把握して，適切な指導計画の下に行うよう配慮すること。

第３節　教育課程の編成

３　教育課程の編成における共通的事項

⑴　内容等の取扱い

カ　知的障害者である児童に対する教育を行う特別支援学校の小学部においては，生活，国語，算数，音楽，図画工作及び体育の各教科，道徳科，特別活動並びに自立活動については，特に示す場合を除き，全ての児童に履修させるものとする。また，外国語活動については，児童や学校の実態を考慮し，必要に応じて設けることができる。

キ　知的障害者である生徒に対する教育を行う特別支援学校の中学部においては，国語，社会，数学，理科，音楽，美術，保健体育及び職業・家庭の各教科，道徳科，総合的な学習の時間，特別活動並びに自立活動については，特に示す場合を除き，全ての生徒に履修させるものとする。また，外国語科については，生徒や学校の実態を考慮し，必要に応じて設けることができる。

ク　知的障害者である児童又は生徒に対する教育を行う特別支援学校において，各教科の指導に当たっては，各教科の段階に示す内容を基に，児童又は生徒の知的障害の状態や経験等に応じて，具体的に指導内容を設定するものとする。その際，小学部は６年間，中学部は３年間を見通して計画的に指導するものとする。

⑵　授業時数等の取扱い

オ　小学部又は中学部の各学年の自立活動の時間に充てる授業時数は，児童又は生徒の障害の状態や特性及び心身の発達の段階等に応じて，適切に定めるものとする。

第８節　重複障害者等に関する教育課程の取扱い

３　視覚障害者，聴覚障害者，肢体不自由者又は病弱者である児童又は生徒に対する教育を行う特別支援学校に就学する児童又は生徒のうち，知的障害を併せ有する者については，各教科の目標及び内容に関する事項の一部又は全部を，当該各教科に相当する第２章第１節第２款若しくは第２節第２款に示す知的障害者である児童又は生徒に対する教育を行う特別支援学校の各教科の目標及び内容の一部又は全部によって，替えることができるものとする。また，小学部の児童については，外国語活動の目標及び内容の一部又は全部を第４章第２款に示す知的障害者である児童に対する教育を行う特別支援学校の外国語活動の目標及び内容の一部又は全部によって，替えることができるものとする。したがって，この場合，小学部の児童については，外国語科及び総合的な学習の時間を，中学部の生徒については，外国語科を設けないことができるものとする。

4　重複障害者のうち，障害の状態により特に必要がある場合には，各教科，道徳科，外国語活動若しくは特別活動の目標及び内容に関する事項の一部又は各教科，外国語活動若しくは総合的な学習の時間に替えて，自立活動を主として指導を行うことができるものとする。

6　重複障害者，療養中の児童若しくは生徒又は障害のため通学して教育を受けることが困難な児童若しくは生徒に対して教員を派遣して教育を行う場合について，特に必要があるときは，実情に応じた授業時数を適切に定めるものとする。

第７章　自立活動

第１　目標

個々の児童又は生徒が自立を目指し，障害による学習上又は生活上の困難を主体的に改善・克服するために必要な知識，技能，態度及び習慣を養い，もって心身の調和的発達の基盤を培う。

第２　内容

1　健康の保持

⑴　生活のリズムや生活習慣の形成に関すること。

⑵　病気の状態の理解と生活管理に関すること。

⑶　身体各部の状態の理解と養護に関すること。

⑷　障害の特性の理解と生活環境の調整に関すること。

⑸　健康状態の維持・改善に関すること。

2　心理的な安定

⑴　情緒の安定に関すること。

⑵　状況の理解と変化への対応に関すること。

⑶　障害による学習上又は生活上の困難を改善・克服する意欲に関すること。

3　人間関係の形成

⑴　他者とのかかわりの基礎に関すること。

⑵　他者の意図や感情の理解に関すること。

⑶　自己の理解と行動の調整に関すること。

⑷　集団への参加の基礎に関すること。

4　環境の把握

⑴　保有する感覚の活用に関すること。

⑵　感覚や認知の特性についての理解と対応に関すること。

⑶　感覚の補助及び代行手段の活用に関すること。

⑷　感覚を総合的に活用した周囲の状況についての把握と状況に応じた行動に関すること。

⑸　認知や行動の手掛かりとなる概念の形成に関すること。

5　身体の動き

⑴　姿勢と運動・動作の基本的技能に関すること。

⑵　姿勢保持と運動・動作の補助的手段の活用に関すること。

⑶　日常生活に必要な基本動作に関すること。

⑷　身体の移動能力に関すること。

⑸　作業に必要な動作と円滑な遂行に関すること。

6　コミュニケーション

⑴　コミュニケーションの基礎的能力に関すること。

⑵　言語の受容と表出に関すること。

⑶　言語の形成と活用に関すること。

⑷　コミュニケーション手段の選択と活用に関すること。

⑸　状況に応じたコミュニケーションに関すること。

第3　個別の指導計画の作成と内容の取扱い

1　自立活動の指導に当たっては，個々の児童又は生徒の障害の状態や特性及び心身の発達の段階等の的確な把握に基づき，指導すべき課題を明確にすることによって，指導目標及び指導内容を設定し，個別の指導計画を作成するものとする。その際，第2に示す内容の中からそれぞれに必要とする項目を選定し，それらを相互に関連付け，具体的に指導内容を設定するものとする。

2　個別の指導計画の作成に当たっては，次の事項に配慮するものとする。

⑴　個々の児童又は生徒について，障害の状態，発達や経験の程度，興味・関心，生活や学習環境などの実態を的確に把握すること。

⑵　児童又は生徒の実態把握に基づいて得られた指導すべき課題相互の関連を検討すること。その際，これまでの学習状況や将来の可能性を見通しながら，長期的及び短期的な観点から指導目標を設定し，それらを達成するために必要な指導内容を段階的に取り上げること。

⑶　具体的な指導内容を設定する際には，以下の点を考慮すること。

ア　児童又は生徒が，興味をもって主体的に取り組み，成就感を味わうとともに自己を肯定的に捉えることができるような指導内容を取り上げること。

イ　児童又は生徒が，障害による学習上又は生活上の困難を改善・克服しようとする意欲を高めることができるような指導内容を重点的に取り上げること。

ウ　個々の児童又は生徒が，発達の遅れている側面を補うために，発達の進んでいる側面を更に伸ばすような指導内容を取り上げること。

エ　個々の児童又は生徒が，活動しやすいように自ら環境を整えたり，必要に応じて周囲の人に支援を求めたりすることができるような指導内容を計画的に取り上げること。

オ　個々の児童又は生徒に対し，自己選択・自己決定する機会を設けることによって，思考・判断・表現する力を高めることができるような指導内容を取り上げること。

カ　個々の児童又は生徒が，自立活動における学習の意味を将来の自立や社会参加に必要な資質・能力との関係において理解し，取り組めるような指導内容を取り上げること。

⑷　児童又は生徒の学習状況や結果を適切に評価し，個別の指導計画や具体的な指導の改善に生かすよう努めること。

⑸　各教科，道徳科，外国語活動，総合的な学習の時間及び特別活動の指導と密接な関連を保つようにし，計画的，組織的に指導が行われるようにするものとする。

3　個々の児童又は生徒の実態に応じた具体的な指導方法を創意工夫し，意欲的な活動を促すようにするものとする。

4　重複障害者のうち自立活動を主として指導を行うものについては，全人的な発達を促すために必要な基本的な指導内容を，個々の児童又は生徒の実態に応じて設定し，系統的な指導が展開できるようにするものとする。その際，個々の児童又は生徒の人間として調和のとれた育成を目指すように努めるものとする。

5　自立活動の指導は，専門的な知識や技能を有する教師を中心として，全教師の協力の下に効果的に行われるようにするものとする。

6　児童又は生徒の障害の状態等により，必要に応じて，専門の医師及びその他の専門家の指導・助言を求めるなどして，適切な指導ができるようにするものとする。

7　自立活動の指導の成果が進学先等でも生かされるように，個別の教育支援計画等を活用して関係機関等との連携を図るものとする。

2．特別支援学校教育要領・学習指導要領解説　自立活動編（幼稚部・小学部・中学部）（平成 30 年 3 月）（抜粋）

第３章　自立活動の意義と指導の基本

2　自立活動の指導の基本

(2) 自立活動の内容とその取扱いについて

エ　実態把握から具体的な指導内容を設定するまでの流れの例

(ｲ) 図２を踏まえた例示（図３から図 15 まで）と解説について

学部・学年	中学部・第２学年
障害の種類・程度や状態等	知的障害の程度は，言葉による意思疎通が困難，日常生活面など一部支援が必要
事例の概要	学習場面の中で落ち着いて順番を待ったり，ルールを守ったりすること等の社会性の獲得を目指した指導

①　障害の状態，発達や経験の程度，興味・関心，学習や生活の中で見られる長所やよさ，課題等について情報収集
・基本的な生活習慣はほぼ自立している。 ・見通しのもてる活動には集中して取り組むことができる。 ・音声言語は不明瞭で，発声や指さし，身振りやしぐさ，絵カード等で簡単なコミュニケーションをとろうとすることが見られるが，何を伝えたいのか曖昧なときが多い。 ・集団での学習場面において順番を待つなどの，ルールや決まり事を守ることが難しい。 ・自分の気持ちや思いを一方的に通そうとする場合がある。

②－１　収集した情報（①）を自立活動の区分に即して整理する段階

健康の保持	心理的な安定	人間関係の形成	環境の把握	身体の動き	コミュニケーション
・健康状態は良好で，生活のリズムは確立している。	・新しい場所や活動には不安になりやすく，積極的に取り組むことはあまり見られないが，見通しがもてるようになると自分から取り組むことができる。 ・自分の思い通りにならないと情緒が不安定になり，混乱する場合がある。	・特定の教師とのかかわりが中心である。 ・集団から孤立していることが多い。 ・友達と協力して活動することが難しい。	・絵カードに強い興味を示すなど視覚優位の側面が見られる。	・動作模倣ができる。 ・粗大運動などの，運動機能に顕著な課題は見られないが，滑らかな動作が難しく，ぎこちなさや不器用さが見られる。	・発声や指さし，身振り等で自分の要求を伝えようとする。 ・音声言語による簡単な指示を理解することできる。

②－２　収集した情報（①）を学習上又は生活上の困難や，これまでの学習状況の視点から整理する段階
・相手に意思を伝えようとするが，十分に伝わらず情緒が不安定になることがある。 ・多くの人との関わりの中で様々な体験をして，活動範囲を広げ，できることを増やしてほしい。 ・気に入った活動があると集団の中で簡単なルールや順番を守ることができず，トラブルになることがある。 ・絵カード等は有効ではあるが，理解できるカードがまだ少ない。

②－３　収集した情報（①）を○○年後の姿の観点から整理する段階
・将来，集団生活を送るために，集団の中でのルールや約束事を守って過ごすことができること。 ・円滑なコミュニケーションが成立するコミュニケーション手段を獲得し，良好な人間関係を構築できるようになること。 ・自分の思い通りにならなくても我慢したり，自分で気持ちを落ち着かせたりできるようになること。

図７　知的障害

図７は特別支援学校（知的障害者）に在籍する，中学部第２学年の生徒に対して，学習場面の中で落ち着いて順番を待ったり，ルールを守ったりすること等の社会性の獲得を目指した指導内容例である。

まず，①に示すように実態把握を行い必要な情報を収集した。知的障害のある生徒の場合，自立や社会参加を目指していく上で必要な知識や技能の習得を図り，社会生活に必要な能力と実践的な態度を育てていく必要がある。対象生徒の場合，想定される高等部での学習や卒業後の進路を踏まえて，集団での学習活動の状況やコミュニケーション面を含めた人との関わりに関する情報を収集した。

次に，①で示している収集した情報を，②－１から②－３までに示す三つの観点から整理した。

②－１の観点から，対象生徒は，「心理的な安定」については，新しい環境や状況に対して，心理的な抵抗を示し，情緒面で不安定になることがみられる。また，「人間関係の形成」では，対人関係の幅が狭く集団での学習活動に困難があるなどと整理した。

②－２の観点から，社会性の広がりに必要な人との関わりやコミュニケーション面の視点を踏まえて，学習上又は生活上の困難の視点で整理した。対象生徒は，自分の意思を伝えようとする気持ちはあるが，十分に有効なコミュニケーション手段を獲得しているまでには至っておらず，相手に伝わらないことで情緒が不安定になることがある，集団での学習活動でルールや順番が守れず，友達とトラブルになることがあるなどと整理した。

併せて②－３の観点から，高等部での学習や卒業後の進路等を想定して整理した。対象生徒は，今後集団での学習活動の機会や様々な人と関わる機会が増えること，将来に向けて集団生活が送れるようになることを想定して，そのために必要な内容を整理した。

上記で把握できた実態をもとに，③で示すように指導すべき課題を抽出した。対象生徒の場合は，「落ち着いて活動に最後まで参加することが難しい（「心理的な安定」，「人間関係の形成」）」，「円滑なコミュニケーションを成立することが難しい（「心理的な安定」，「人間関係の形成」，「コミュニケーション」）」を抽出した。

③　①をもとに②－１，②－２，②－３で整理した情報から課題を抽出する段階
・落ち着いて活動に最後まで参加することが難しい。（心，人） ・円滑なコミュニケーションを成立することが難しい。（心，人，コ）

④　③で整理した課題同士がどのように関連しているかを整理し，中心的な課題を導き出す段階
・活動に対して見通しをもてるようにしていくことで，何をすべきかが分かり，落ち着いて活動に参加できると考える。そのためには情緒の安定と他者から指導や助言等を受け入れられる人間関係を形成していく必要がある。 ・円滑なコミュニケーションが成立することにより，情緒の安定が図られ，落ち着いて活動に参加できることにつながると考える。 ・他者からの指導や助言等を受け入れられる人間関係の形成を図りながら，集団への参加を促し，様々な経験を重ねる中でルールを守るなどといった社会性を育むことを目指していく。

課題同士の関係を整理する中で今指導すべき目標として	⑤　④に基づき設定した指導目標を記す段階
	・教師や友達からの助言等を受けながら，落ち着いて順番を守ることができる。

指導目標を達成するために必要な項目の選定	⑥　⑤を達成するために必要な項目を選定する段階					
	健康の保持	心理的な安定	人間関係の形成	環境の把握	身体の動き	コミュニケーション
		(1) 情緒の安定に関すること。 (2) 状況の理解と変化への対応に関すること。	(1) 他者とのかかわりの基礎に関すること。 (2) 他者の意図や感情の理解に関すること。 (4) 集団への参加の基礎に関すること。			(2) 言語の受容と表出に関すること。 (5) 状況に応じたコミュニケーションに関すること。

⑦　項目と項目を関連付ける際のポイント
・<他者からの助言を受け入れることができるために>（心）(1)と（人）(1)と（コ）(2)を関連付けて配慮事項として設定した指導内容が，⑧ア，⑧イである。 ・<ルールや順番を守ることができるようにするために>（心）(2)と（人）(2)と（コ）(2)を関連付けて配慮事項として設定した指導内容が，⑧ア，⑧イである。 ・<集団活動へ参加できるために>（心）(1)(2)と（人）(1)(4)を関連付けて配慮事項として設定した指導内容が，⑧ア，⑧イである。 ・<簡単なやりとりが成立するために>（人）(1)と（コ）(5)とを関連付けて設定した具体的な指導内容が，⑧ウ，⑧エである。

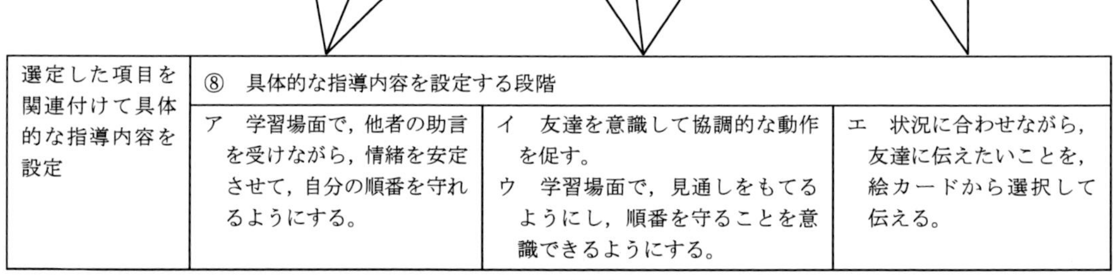

選定した項目を関連付けて具体的な指導内容を設定	⑧　具体的な指導内容を設定する段階		
	ア　学習場面で，他者の助言を受けながら，情緒を安定させて，自分の順番を守れるようにする。	イ　友達を意識して協調的な動作を促す。 ウ　学習場面で，見通しをもてるようにし，順番を守ることを意識できるようにする。	エ　状況に合わせながら，友達に伝えたいことを，絵カードから選択して伝える。

図７　知的障害

さらに，③で示している抽出した指導すべき課題同士の関連を整理し，④に示すように，中心的な課題を導き出した。対象生徒では「情緒面の安定」,「集団での学習活動における適応力」,「コミュニケーション手段の獲得」の視点で整理した。対象生徒は，高等部での学習や卒業後の生活を想定すると，他者からの指導や助言等を受け入れられる人間関係の形成を図りながら，集団への参加を促し，様々な経験を重ねる中でルールを守るなどといった社会性を育むことを目指していく必要がある。

これまでの手続きを踏まえ，⑤のように「教師や友達からの助言等を受けながら，落ち着いて順番を守ることができる。」という指導目標を設定した。

この指導目標を達成するためには，情緒の安定を維持できたり，状況を理解できたりすることが必要である。また，教師や友達などの他人の助言を受け入れられるためには，他者とのかかわりや集団参加の基礎を構築したり，コミュニケー ション能力を高めたりすることが必要である。加えて，ルールや順番を守ることができるようになるためには状況の変化に対応したり，他者の意図を受け入れたりできることが必要と考え，⑥に示すように，自立活動の内容から「心理的な安定」の（1）（2），「人間関係の形成」の（1）（2）（4），「コミュニケーション」の（2）（5）を選定した。

⑥で示している選定した項目を相互に関連付けて，具体的な指導内容を設定した。対象生徒の場合，⑦に示すように，他者からの助言を受け入れ，情緒の安定を図るようにする指導が必要である。このことから，「心理的な安定」の（1），「人間関係の形成」の（1），「コミュニケーション」の（2）を関連付けて，⑧のアに示 すように「学習場面で，他者の助言を受けながら，情緒を安定させて，自分の順番を守れるようにする。」という具体的な指導内容を設定した。また，ルールや順番を守ることができるようにする指導が必要である。このことから「心理的な安定」の（2）と「人間関係の形成」の（2）及び「コミュニケーション」の（2）を関連付けて，⑧のイ「友達を意識して協働的な動作を促す。」とウ「学習場面で，見通しをもてるようにし，順番を守ることを意識できるようにする。」という具体的な指導内容を設定した。

監修・編集委員一覧

監　修

下山　直人　筑波大学人間系教授
筑波大学附属久里浜特別支援学校長

編集委員

大井　　靖　全国特別支援学校知的障害教育校長会会長
東京都立武蔵台学園統括校長

山本　和彦　全国特別支援学校知的障害教育校長会事務局次長
東京都立石神井特別支援学校長

金子　　猛　全国特別支援学校知的障害教育校長会事務局
東京都立小金井特別支援学校長

長沼　健一　全国特別支援学校知的障害教育校長会事務局
東京都杉並区立済美養護学校長

中村由美子　全国特別支援学校知的障害教育校長会事務局
東京都立王子第二特別支援学校長

（敬称略、所属・役職は平成 30 年 10 月現在）

執筆者一覧

発刊によせて

大井　　靖　　全国特別支援学校知的障害教育校長会会長

まえがき

下山　直人　　筑波大学人間系教授・筑波大学附属久里浜特別支援学校長

第１部

下山　直人　　筑波大学人間系教授・筑波大学附属久里浜特別支援学校長（第１章～第４章）
柳澤　亜希子　国立特別支援教育総合研究所主任研究員（第５章１）
大崎　博史　　国立特別支援教育総合研究所総括研究員（第５章２・３）

〔執筆協力〕

岡田　拓也　　愛知県立みあい特別支援学校教諭
辰巳　武志　　奈良県立二階堂養護学校教諭
吉岡　誠人　　鳥取県立琴の浦高等特別支援学校教諭

第２部

礒元　　崇　　大阪府立泉南支援学校教諭
今村　明子　　山梨県立かえで支援学校教諭
工藤　裕子　　秋田県立支援学校天王みどり学園教諭
佐藤　貴宣　　東京都立久我山青光学園教諭
庄司　智子　　福島県立石川支援学校教諭
髙尾　政代　　筑波大学附属久里浜特別支援学校副校長
髙橋　美百　　宮崎県立延岡しろやま支援学校教諭
田中　真由美　福島県立石川支援学校教諭
谷口　貴啓　　千葉県立富里特別支援学校教諭
冨谷　えり　　岡山県立倉敷琴浦高等支援学校教諭
長沼　潤子　　東京都立久我山青光学園主任教諭
西井　孝明　　三重県立稲葉特別支援学校主幹教諭
三橋　弘至　　千葉県立東金特別支援学校教諭
森　　康一　　名古屋市立南養護学校分校教諭
渡邉　幸治　　福島県立石川支援学校教諭

第３部

柳澤　亜希子　国立特別支援教育総合研究所主任研究員（第１章）
川勝　義彦　　埼玉県富士見市立諏訪小学校長（第２章①）
丸山　弘之　　横浜市立義務教育学校西金沢学園中学部教諭（第２章②）
笹谷　幸司　　神奈川県立足柄高等学校長（第２章③）

（所属・役職は原稿執筆時）

知的障害特別支援学校の
自立活動の指導

2018年11月9日　初版第1刷発行
2022年2月11日　初版第9刷発行
2024年2月3日　オンデマンド版

■監　修　下山　直人
■編　著　全国特別支援学校知的障害教育校長会
■発行人　加藤　勝博
■発行所　株式会社　ジアース教育新社
〒101-0054　東京都千代田区神田錦町1-23　宗保第2ビル
TEL：03-5282-7183　FAX：03-5282-7892
E-mail：info@kyoikushinsha.co.jp
URL：http//www.kyoikushinsha.co.jp/

■表紙・本文デザイン　宇都宮　政一
■ DTP　粟田　佳織
■印刷・製本　シナノ印刷株式会社

Printed in Japan
ISBN978-4-86371-479-3
定価はカバーに表示してあります。